JN111995

一度読んだら
絶対に忘れない

KOREAN
TEXTBOOK

韓国語
の教科書

ヒョン・カンヒ

韓国語は日本語と紐づけて学べ！

現在、私は日韓の同時通訳をする傍ら、語学スクールで日本人の生徒に韓国語を教えています。

私が韓国語を教えている生徒から、次のような質問をよく受けます。

「韓国語が上手くなるためには、やっぱり韓国に留学したほうがいいですよね？」

もちろん、留学を間違いだと否定するわけではありません。

でも、韓国語を身につけたいと思うなら、留学よりも費用や時間、労力がかからない、もっと効果的な方法がある、というのが私の意見です。

では、もっと効果的な勉強法とは何かというと、それは**文法の勉強**です。

ただし、文法をやみくもに「丸暗記」しても意味がありません。

ひとつひとつの文法をしっかりと"理解"し、頭の中に刷り込ませることが大切です。

すると、レシピを見ながら料理をつくるような感覚で、頭の中に刷り込まれた文法を使って韓国語で会話ができるようになるのです。

そして、韓国語の文法を勉強するときに、重要なポイントが1つあります。

それは、**韓国語の文法を日本語と紐づけて理解する**ことです。じつは、**韓国語は、日本語にとても似ている**のです。

日本と同様、韓国の学校教育にも英語があります。学生時代、私は英語が苦手でした。もちろん、自分なりに一生懸命勉強したつもりですが、なかなか上達しませんでした。

ところが、日本語に関しては、英語よりも格段に早く上達できたのです。

なぜ、英語と違って日本語の上達は早かったかというと、**日本語は韓国語に紐づけて学ぶことができるので、一度文法的な内容をしっかりと"理解"してしまえば、頭にずっと残るから**です。

　英語の場合、文型や時制などは韓国語と異なる思考を身につける必要があります。日本語の場合は、ほとんど韓国語の感覚のままで通用すると私は考えています。

　もちろん、日本語と韓国語は別の言語なので、違いもたくさんあります。

　ただ、**日常会話レベルの韓国語の範囲であれば、多くの文法や表現の仕方を日本語に紐づけて理解することができる**のです。

　本書の特徴を具体的に申し上げると、以下になります。

①会話に必要な文法を厳選したうえで、「日本語と感覚的に近い文法」から始め、徐々に「韓国語特有の文法」に移るというストーリーで構成
②韓国語の文法を日本語と紐づけて解説
③日本人が間違いやすいポイントを解説

　私は語学スクールで日本人の生徒に韓国語を教えているため、日本人のみなさんが、韓国語を勉強するときに「つまずきやすいポイント」も十分理解しています。

　韓国人の私の日本語習得法、そして日韓同時通訳者としての経験、さらに韓国語講師としての経験をミックスさせて生まれたのが、本書でこれからみなさんに紹介するカンヒ式韓国語習得法なのです。

　私は、日本に住んで約10年が経ちます。母国である韓国と、大好きな日本の微力ながら"架け橋"になれればという想いで、日々仕事に取り組んでいます。

　本書が韓国語、ひいては韓国に関心のある人々の一助となれば幸いです。

ヒョン・カンヒ

一度読んだら絶対に忘れない

韓国語の教科書

>>>>>>>>>>>>>>>>>>>>>>>>
CONTENTS
>>>>>>>>>>>>>>>>>>>>>>>>

第1章
ハングル文字と発音

第1章の概要
発音は"マスター"ではなく"理解"から始める 20

CONTENTS

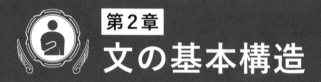

第2章
文の基本構造

CONTENTS

>>>

第3章
疑問形・依頼

CONTENTS

第4章
韓国語特有の文法

>>>

音声データについて

各項目タイトルの横にあるQRコードより、韓国語ネイティブである筆者がハングルの文を読み上げた音声を聞いたり、音声データをダウンロードしたりすることができます。第1章については、母音や子音、パッチムなどの発音ルールを中心に、第2章以降については、本文中に色付きでアミカケされた箇所にある韓国語の例文を中心に読み上げています。

CONTENTS

韓国語が最速で上達する勉強法

 丸暗記中心の勉強は挫折しやすい

　近年、日本では韓国語を勉強する人が増えており、関連書籍もベストセラーが多く出ています。韓国人の私からすると、韓国に関心を持ってくれる日本人が増えてくれるのは大変嬉しいことです。

　ただ、日韓の通訳者で韓国語の講師もしている私の目から見て、韓国語の勉強法について少し気になることがあります。

　それは、書店に並んでいる韓国語の入門書を開いてみると、ハングルの読み方や発音を解説したうえで、日常会話に頻出のフレーズや単語を紹介するという内容が多いことです。

　中には、ハングルの読み方や発音の解説がメインの入門書もあります。

　ハングルの読み方や発音を完ぺきにマスターするためには時間がかかりますし、フレーズや単語をやみくもに"丸暗記"しても、頭には残りにくいと思います。初心者にとって、このような勉強法は挫折しやすいのではないでしょうか。

　そこで、私がオススメするのが、**文法を中心に勉強する**ことです。「韓国語の入門書」と「韓国語の文法を解説する本」は分けられていることが多いので、「韓国語の入門書」なのに文法を中心に解説するという内容にもしかしたら驚く人が多いかもしれません。

　なぜ、最初から文法を中心に勉強をしたほうがよいかというと、それは、韓国語が日本語ととても似ているからです。

図 H-1　丸暗記の勉強は挫折しやすい

覚えなきゃいけない頻出フレーズや単語が多すぎる……

もうムリ……

初心者が、いきなり日常会話に頻出のフレーズや単語をやみくもに"丸暗記"しても、頭になかなか残らないので挫折しやすい。

韓国語は、日本語の感覚のまま理解できる！

 韓国語と日本語は"そっくり"

「すみませんが、水をちょっといただけますか？」

　この表現は日本人特有のニュアンスが含まれていて、他の言語に訳すのは難しいと思わないでしょうか？

　ところが、「すみませんが→죄송한데요（ジェソンハンデヨ）」「水を→물（ムル）」「ちょっと→좀（ジョム）」「いただけますか？→주시겠어요（ジュシゲッソヨ）？」というように、それぞれ日本語と同じようなニュアンスを含む韓国語の言葉があります。

　しかも、語順が日本語と同じなので、日本語の言葉に該当する韓国語にそれぞれ置き換えるだけで同じ意味の韓国語の文章がつくれてしまうのです。

　他にも、助詞の使い方が日本語と韓国語とでそっくりですし、日本語の「ですね」「でしょ」と同じようなニュアンスを持つ言葉が韓国語にもあります。

　このように、**韓国語と日本語の文法や表現には、共通点がたくさんある**のです。

　日常会話レベルの初級文法に限れば、日本語の感覚のままでほとんどの韓国語を理解できると私は考えています。

　したがって、**日本人のみなさんが韓国語を習得するなら、頻出フレーズや単語の丸暗記に励むよりも、最初から日本語と紐づけて韓国語の文法を勉強したほうが、頭に残りやすく、上達もはるかに早い**というのが私の考えなのです。

図 H-2 日本語と韓国語のおもな共通点

【共通点1】「語順」が同じ

ジョ　ヌン　ハクセン　イエヨ
저　는　학생　이에요.
私　　は　　学生　　です。

日常会話レベルの初級文法の範囲では、日本語の文章の単語やフレーズをハングルに置き換えるだけで意味が通じる韓国語の文章になる場合が多い。

【共通点2】「助詞」の使い方がそっくり

ド　ニ　イッソヨ
돈　이　있어요.
お金　が　あります。

ハクキョ　エ　ガヨ
학교　에　가요.
学校　　に　行きます。

日本語の助詞の「が」「は」「を」などと同じ役割を担う助詞が韓国語にもある。しかも、使い方の感覚も、日本語とほとんど同じ。

【共通点3】同じニュアンスを持つ表現が多い

ジェソンハンデヨ　ムル　ジョム　ジュシゲッソヨ
죄송한데요,　물　좀　주시겠어요?
すみませんが、　水を　ちょっと　いただけますか？

「すみませんが」や「ちょっと」、または、「ですよね」「でしょ」の語尾など、日本人が日常会話でよく使う表現や言い回しも、韓国語に共通する言葉が多い。

日本語とそっくりな文法から、少しずつ韓国語特有の文法へ

 共通点と異なる点を整理しながら理解する

　ただ、いくら韓国語と日本語が似ていると言っても異なる言語なので、当然、違いもあります。

　例えば、韓国語の助詞は日本語とほとんど同じ使い方ではあるものの、パッチムの有無によって使い分ける必要があります。

　また、日本語の動詞は「読む」のように、すべて「ウ段」、形容詞も「明るい」のように「イ段」で終わりますが、韓国語の場合は、動詞も形容詞も語末がすべて다（ダ）なので、形のうえでは動詞と形容詞の区別がつきません。

　このように、日本語と紐づけて韓国語の文法を理解すると同時に、日本語と異なる点も頭の中でしっかりと整理することが韓国語上達のポイントです。

　そこで本書では、第1章でハングルの読み方と発音について、文法を学ぶために最低限必要な内容に絞って解説します。

　そして、第2章以降では、日常会話で必要な文法や表現を厳選したうえで、右の図のように、**まずは日本語の感覚に近い韓国語の文法から始めて、最終的に日本語の感覚にはない韓国語特有の文法を学ぶという順番で解説します。**できる限り、すべての文法で、日本語と紐づけて共通点、異なる点を整理しながら解説することを心がけました。

　本書を読み終える頃には、韓国語で会話する感覚がつかめるようになっているはずです。

ホームルーム

【第2章】
（ステップ1）
文の基本構造

❶ 助詞
❷ 助詞の使い分け
❸「〜です」の使い方
❹ 否定文
❺「います」と「あります」
❻ 動詞・形容詞の原形
❼ ヘヨ体
❽ 動詞・形容詞の否定の形
❾ くっつけ語
❿ 過去形
⓫ 漢数詞
⓬ 固有数詞

【第3章】
（ステップ2）
疑問形・依頼

⓭ 理由「〜ので」
⓮ 勧誘「〜しましょう」
⓯ 希望「〜したいです」
⓰ 許可「〜してもいいですか?」
⓱ 仮定「〜したら」
⓲ お願い「〜してください」
⓳ 義務「〜しなくてはいけません」
⓴ 可能「〜することができます」
㉑ 現在進行「〜しています」
㉒ 前置詞
㉓ タメ口
㉔ 敬語（尊敬語）

【第4章】
（ステップ3）
韓国語
特有の文法

㉕ 動詞の現在連体形
㉖ 動詞の過去連体形
㉗ 動詞の未来連体形
㉘ 形容詞の連体形
㉙ 変化の表現
㉚ 視覚的な予想
㉛ 客観的な予想
㉜ 願望
㉝ 時間の経過を示す表現
㉞ 決心
㉟ 伝言

日本語と似ている文法・表現から始まり、下に進むほど韓国語独自の文法・表現に

第1章

ハングル文字
と発音

発音は"マスター"ではなく"理解"から始める

 ## 発音をマスターするには時間がかかる

　ハングルの読み方と発音の解説から始めます。本書では、発音の解説を第2章から第4章に進むために最低限必要な内容に絞っています。

　ハングルの発音と読み方でポイントになるのは、**母音**と**パッチム**です。

　母音については、日本語はa（あ）、i（い）、u（う）、e（え）、o（お）の5個ですが、韓国語の基本母音は10個あります。

　私の生徒を見ていても、韓国語の発音が身についている人ほど上達が早いことは、1つの事実ではあります。ただ、**最初から発音を完ぺきにマスターしようとしすぎて、発音の練習だけをいつまでも続けてしまうのは本末転倒**です。私が日本語を覚えたての頃、「ありがとうございます」を「ありがとうごじゃいます」と言ってしまうことがありました。これは、韓国語に日本語の「ざ」という音に該当する言葉がないために発生することです。私だけでなく、どの国の人でも母国語にない発音をマスターするのは、少し時間がかかるものなのです。私の場合、日本語を実際に話していくうちに、発音も少しずつ身についていきました。本書では、ハングルの文にカタカナの読み方を併記したりルビを振ったりしています。初めは、カタカナに頼ってもかまいません。ただ、韓国語を勉強する過程で少しずつ韓国語の正しい発音をマスターするように心がけてください。

　そしてもう1つのポイントである**パッチム**は、韓国語特有の発音ルールです。パッチムは発音にとどまらず、文法にも大きく影響します。焦らず、パッチムのしくみをひとつひとつしっかりと理解することを心がけてください。では、さっそく始めましょう！

図 1-0　第1章の見取り図

ハングルの基本構造（母音＋子音）

①母音＝ㅏ ㅑ ㅓ ㅕ ㅗ ㅛ ㅜ ㅠ ㅡ ㅣの10個

②基本子音＝ 14個

　　ハングルは、母音と子音の組み合わせでできている

子音＋子音

③濃音＝基本の子音（ㄱ ㄷ ㅂ ㅅ ㅈ）が
双子のように2つ重なった形

ㄲ ㄸ ㅃ ㅆ ㅉ

（子音＋母音）＋子音

④パッチム＝子音と母音のペアの下に置かれる子音

同じ発音になる子音同士をまとめて、K型、P型、
T型の3つのグループに分けることができる

母音＋母音

⑤合成母音＝母音同士がくっついてできる音

パッチムに関連する発音のルール

⑥連音化＝パッチムのある言葉が、発音しやすいように
前後の音とつながること

「母音」は 3つのグループに分ける

基本の母音は10個

　英語は、26個の文字で成り立っており、種類はアルファベット１つです。

　日本語は、ひらがな50音、カタカナ50音、加えて漢字から成り立っています（何万個もあるそうですが、3000個を覚えたら日常生活に支障はないと言われています）。しかも、漢字は１つの文字に対して音読みと訓読みがあり、習得の難易度が高いです。

　一方、**韓国語の「ハングル」は、一見、象形文字のようで複雑な文字に思えますが、じつは「母音」と「子音」というたった２つの文字を組み合わせることで音を表すシンプルなしくみ**です。要は、**ハングル自体が発音記号のようなもの**と言ってもよいかもしれません。

　ハングルの**基本母音は10個**、**基本子音は14個**です。文字の数だけを見れば、26個の英語よりも少ないですし、日本語の文字の多さとは比較になりません。日本語を勉強した韓国人の私の立場からすると、基本的な文字を身につけるという点においては、韓国語よりも日本語のほうがはるかに大変だと思います。

母音は3つのグループに分けて理解する

　アルファベットなら「Ａ　Ｂ　Ｃ　Ｄ」、ひらがなであれば「あいうえお」の順番で覚えるように、韓国語の基本母音は**「아야어여（アヤオヨ）」**、基本子音は**「가나다라（ガナダラ）」**の順番で覚えます。

　基本母音の発音10個は、発音するときの口の形で３つのグループに分けると、一気に理解しやすくなります。

図 1-1 母音の発音 3 つのグループ

≪グループ①≫口を大きく開けて発音する

母音字	ㅏ	ㅑ	ㅓ	ㅕ
子音〇を加えた形と発音	아 / a	야 / ya	어 / eo	여 / yeo

口の形

≪グループ②≫口を小さく丸めて発音する

母音字	ㅗ	ㅛ	ㅜ	ㅠ
子音〇を加えた形と発音	오 / o	요 / yo	우 / u	유 / yu

口の形

≪グループ③≫口を左右に開き、笑顔で発音する

母音字	ㅡ	ㅣ
子音〇を加えた形と発音	으 / eu	이 / i

口の形

（グループ①）口を大きく開けて発音する

　まず、1つめのグループは、前ページ上の4つです。

　いずれも長いタテ棒の右または左に、短いヨコ棒が1本または2本ついた形をしています。

　このグループの特徴は、**口を大きく開けて発音する**ことです。発音するために、母音を表す子音〇と組み合わせた形にします。

　一番左の発音は、**아**（a）。この文字の短いヨコ棒が2本になると、yの音を表し、**야**（ya）と読みます。

　次の**어**（eo）は、**日本語に存在しない音**です。しいて日本語に近い音をあげるとするなら「お」になります。あごの力を抜いて口を大きく開けて発音することで韓国語の**어**（eo）になります。

　4つめの短いヨコ棒が2本になった**여**（yeo）も、やはり口を大きく開けて「よ」と発音します。

図 1-2　グループ①の母音字と発音

母音字	ㅏ	ㅑ	ㅓ	ㅕ	口の形
子音〇を加えた形と発音	아 / a	야 / ya	어 / eo	여 / yeo	

第1章
ハングル文字と発音

第2章
文の基本構造

第3章
疑問形・依頼

第4章
韓国語特有の文法

 （グループ②）唇に力を入れ、口をできるだけ小さく丸めて発音する

２つめは、P23の図1-1中央のグループ②です。

発音は全部で４つあります。

いずれも長いヨコ棒の上または下に、短いタテ棒が１本または２本ついた形をしています。

一番左の発音は、오（o）です。そして、短いタテ棒が２本になると、요（yo）と読みます。

次に、短いタテ棒が下についているのが、우（u）。短いタテ棒が２本になると、유（yu）になります。

このグループの母音は、どれも日本語の「お」「う」と異なり、**口を小さく丸めて突き出して唇にハンガーをかけられるくらいに力を入れて、発音**します。

特に、우（u）は強調して発音することが大切です。

図 1-3	グループ②の母音字と発音

母音字	ㅗ	ㅛ	ㅜ	ㅠ	口の形
子音○を加えた形と発音	오 / o	요 / yo	우 / u	유 / yu	

（グループ③）口を左右に開き、笑顔で発音する

　最後は、P23の図1-1の一番下のグループです。発音は全部で2つです。どれも長い棒が1本だけで、短い棒はつきません。

　このグループの特徴は、**口を左右に開いて笑顔で発音する**ことです。

　左の으（eu）は、口を小さく丸める2つめのグループの우（u）とは異なります。**口を左右に開いて「う」と発音することで、으（eu）の音になります。**

　最後の이（i）は、口を左右に開いて日本語の「い」と同じように発音すればOKです。

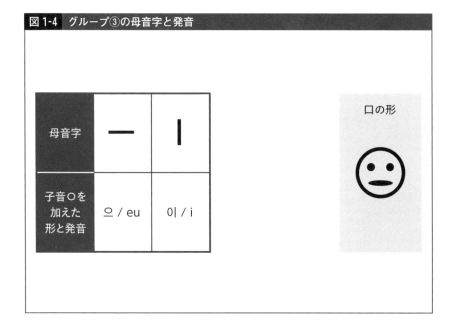

図1-4　グループ③の母音字と発音

母音字	ー	｜
子音○を加えた形と発音	으 / eu	이 / i

口の形

 日本語話者には同じ「お」「う」でも単語の意味が変わってくる

　母音が「あいうえお」の5種類ある日本語に対して、韓国語は、基本の母音だけで10種類あります。つまり、ここまで見てきておわかりのように、

韓国語の母音には日本語に存在しない音があるということです。

例えば、**커피（keopi）と코피（kopi）**は、日本人にとっては同じように聞こえると言われます。2つの発音の違いは、最初の文字の母音が커피はㅓ、코피はㅗという点だけ。どちらもカタカナで書けば「コピ」ですが、韓国語ではそれぞれ「コーヒー」と「鼻血」という異なる単語になります。

こうした違いを区別するうえで重要になるのが、先ほど説明した3通りの口の開け方です。1つめのグループは口を大きく、2つめは唇に力を入れて口を小さく丸める、そして3つめは口を左右に開いて笑顔をつくります。커피の커は口を大きく開け、코피の코は唇に力を入れて口を小さく丸めて発音します。

日本語の場合、こんなに唇をぎゅっとすぼめたり、左右に開いて発音することがないため違和感があるかと思いますが、3つの口の開け方を守れば守るほどきれいな発音になります。

ここではまず、このように発音の仕方に違いがあることをしっかりと"理解"さえできればOKです。

図1-5 「コーヒー」と「鼻血」の違い

ハングル	커피	코피
発音	keopi 口を大きく開けて커を発音する	kopi 唇に力を入れ口を小さく丸めて코を発音する
意味	コーヒー	鼻血

●基本の母音を使った単語の例

ハングル	아이	오이
発音	ai	oi
意味	子供	キュウリ

ハングル	여유	이유
発音	yeoyu	iyu
意味	余裕	理由

ハングル	유아	아유
発音	yua	ayu
意味	乳児	驚きなどの感嘆詞

ハングルは「母音」と「子音」の組み合わせ

 基本の子音14種類

ハングルは、子音の右、または下に母音を置いて発音を表します。

基本の母音に続いて、ここでは子音について見てみましょう。

右の図の通り、**韓国語の子音は、基本の発音が14個**あります。母音と同じように、日本語にはない音が複数あります。

 濁らずに読むとネイティブに違和感を与える子音

最初のㄱは、母音と組み合わせて**가**（ga（ka））と発音します。「カ」という発音で教えている場合もあるようですが、**「カ」と「ガ」の間、それも少し「ガ」寄りの音だと理解してください。**

가と同じような子音が、全部で４つあります。

まず、**다**（da（ta））は、「タ」と「ダ」の間の少し「ダ」寄りの音です。

次の**바**（ba（pa））は、「パ」と「バ」の間の少し「バ」寄りの音になります。そして、**자**（ja（cha））は、「チャ」と「ジャ」の間の少し「ジャ」寄りの音です。

いずれも日本語の濁らない音で「カ」「タ」「パ」「チャ」と読むと、韓国人の耳には少し違和感があり、通じないこともあります。それよりも**「ガ」「ダ」「バ」「ジャ」と発声したほうが自然**だと考えてください。ちなみに、김치（キムチ）のローマ字表記は「KIMCHI」ではなく「GIMCHI」です。同じように、동대문（トンデムン／東大門）はドンデムン、부산（プサン／釜山）はブサンと読むのが自然であり、それぞれ英語表記はDONGDAEMUN、BUSANと書きます。

図 1-6　韓国語の子音は14個

子音	1 ㄱ	2 ㄴ	3 ㄷ	4 ㄹ	5 ㅁ
発音	g (k)	n	d (t)	r / l	m
母音ㅏを加えた形と発音	가 / ga (ka)	나 / na	다 / da (ta)	라 / ra	마 / ma

子音	6 ㅂ	7 ㅅ	8 ㅇ	9 ㅈ	10 ㅊ
発音	b (p)	s	-	j (ch)	ch
母音ㅏを加えた形と発音	바 / ba (pa)	사 / sa	아 / a	자 / ja (cha)	차 / cha

子音	11 ㅋ	12 ㅌ	13 ㅍ	14 ㅎ
発音	k	t	p	h
母音ㅏを加えた形と発音	카 / ka	타 / ta	파 / pa	하 / ha

●濁った音で発音したほうがよい子音

子音	ㄱ	ㄷ	ㅂ	ㅈ
母音ㅏを加えた形	가	다	바	자
発音	カ・・●・ガ「カ」と「ガ」の間の少し「ガ」寄りの音	タ・・●・ダ「タ」と「ダ」の間の少し「ダ」寄りの音	パ・・●・バ「パ」と「バ」の間の少し「バ」寄りの音	チャ・・●・ジャ「チャ」と「ジャ」の間の少し「ジャ」寄りの音

29

この가 (ga (ka))、다 (da (ta))、바 (ba (pa))、자 (ja (cha)) と似た子音が、もう１組あります。それが、次ページの図1-7の上にある카 (ka)、타 (ta)、파 (pa)、차 (cha) です。音はそれぞれ日本語の「カ」「タ」「パ」「チャ」に似ていますが、こちらは少し強い音です。**少し息をためてから、つばが飛ぶくらいに勢いよく、息をたくさん吐き出すようにして発音します。**これらに하 (ha) を加えた５つを激音と呼びます。

 そのほかの子音

もう１つ、日本語にない子音に○があります。○は後述するパッチムの場合に独自の音を表しますが、それ以外の場合は**母音の音だけを表す記号**として用いられます。例えば、母音ㅏと子音○を組み合わせることで、아 (a) という発音を表すことができます。

そのほかの子音**ㄴ、ㄹ、ㅁ、ㅅは、それぞれ日本語に対応する子音と同じように発音すれば問題ありません。**

ㄴはnの音を表す子音なので、나 (na) は日本語の「な」と同じ発音。ㄹはrの音を表す子音なので、라 (ra/la) は日本語の「ら」と同じ発音。ㅅはsの音を表す子音なので、사 (sa) は日本語の「さ」と同じ発音。そして、ㅁはmの音を表す子音なので、마 (ma) は日本語の「ま」と同じ発音です。

 基本の母音との組み合わせ

14種類の子音に母音をつけた形で並べたのが、次ページ下の図です。これが日本語の「あいうえお」、英語のアルファベットに相当する韓国語の文字の基本です。これまで、子音について母音ㅏとの組み合わせだけを見てきましたが、基本の母音と基本の子音の組み合わせだけで140通りの発音を表せます。これだけでも、多くの日本語の単語を書き表すことができるようになるのです。

図1-7上　日本語の音よりも強く発音する子音（激音）

子音	ㅋ	ㅌ	ㅍ	ㅊ
母音ㅏを加えた形	카	타	파	차
発音	日本語の「カ」より少し強い音	日本語の「タ」より少し強い音	日本語の「パ」より少し強い音	日本語の「チャ」より少し強い音
	少し息をためてから、強くたくさん吐き出すように発音する。			

図1-7下　14個の子音に母音ㅏをつけた形

가	나	다	라	마
ga (ka)	na	da (ta)	ra/la	ma

바	사	아	자	차
ba (pa)	sa	a	ja (cha)	cha

카	타	파	하
ka	ta	pa	ha

子音を2つ重ねて 発音を深める「濃音」

 基本の子音と激音に対応している濃音

韓国語の子音には前述の14個のほかに、**濃音と呼ばれる5つの子音のグループ**があります。

ㄲ ㄸ ㅃ ㅆ ㅉ のように、**濃音の子音は、それぞれに対応する基本の子音（ㄱ ㄷ ㅂ ㅅ ㅈ）が双子のように2つ重なった形で表されます。**

この5つの濃音は、それぞれ基本の子音と対応した関係になっています。

濃音の発音の特徴について、ほかの子音と比較しながら詳しく見ていきましょう。

 なるべく空気を出さないように発音する

基本の子音のうち가（ga（ka））、다（da（ta））、바（ba（pa））、자（ja（cha））は、P28で説明した通りです。

사（sa）以外の4つは、「ガ」「ダ」「バ」「ジャ」と濁った音で読んだほうが自然です。

また、この4つに対応する激音の카（ka）、타（ta）、파（pa）、차（cha）は、それぞれ少し息をためてから強くたくさん吐き出すように「カ」「タ」「パ」「チャ」と発音します。

一方の濃音は、音を出す前に少し息をためます。この点は、激音と同じです。

ただし、なるべく空気を出さないように発音する点が濃音の特徴です。

図1-8	5つの濃音				
子音	ㄲ	ㄸ	ㅃ	ㅆ	ㅉ
母音ㅏを加えた形	까	따	빠	싸	짜
発音	kk	tt	pp	ss	jj

一瞬息をためた後、なるべく息が出ないように注意しながら「カ」「タ」「パ」「サ」「チャ」と発音する。

対応する基本の子音

子音	ㄱ	ㄷ	ㅂ	ㅅ	ㅈ
母音ㅏを加えた形	가	다	바	사	자
発音	ga (ka)	da (ta)	ba (pa)	sa	ja (cha)

日本語の濁った音と同じように、息をためず普通にお腹から空気を出して発音する。사(sa)以外の音は、それぞれ濁らない音と濁った音の間の少し濁った音寄り。あるいは「ガ」「ダ」「バ」「ジャ」と濁った音で発音してもよい。

対応する激音

子音	ㅋ	ㅌ	ㅍ		ㅊ
母音ㅏを加えた形	카	타	파		차
発音	ka	ta	pa		cha

一瞬息をためてから、強く空気を吐き出しながら「カ」「タ」「パ」「チャ」と発音する。

濃音を発音するポイント

「空気を出さずに発音する」といわれても、日本語には存在しない音なので、なかなか実感を持てない人が大半だと思います。

こればかりは実際に音声を聞きながら、何度も練習して慣れるしかありません。

濃音の発声について、私が気になっていることがあります。

それは、濃音は小さな「ッ」を頭に入れたつもりで発音する、と教えられている場合が多いことです。

たしかに、この教え方も一理あるのですが、日本人の場合、小さな「ッ」を意識して発音しようとすると、私の講師としての経験上、激音と同じ発音になってしまうことが珍しくありません。

さきほど触れた通り、濃音と激音の違いは、なるべく空気を出さないように発音することです。

そこで、私がオススメしたい濃音の発音のコツとしては、**音を出すときに、口から風が出ないように息を止めたまま、喉仏と腹筋に力を入れるようにする**ことです。

子音が2つある濃音は、力を入れるところも2カ所になります。そうすれば、息を抑えた濃音の発音がしやすくなるでしょう。

濃音で発音すべきところを激音で発音してしまうと、ネイティブの耳には違和感のある音に聞こえます。

韓国のドラマや、日常会話によく登場する、「オッパ（お兄さん）」という単語は、なぜかみなさん上手に発音できます。唇に指を当て、大きな声で言ってみると、息が出ません。このように息が詰まったまま口から風が出ない感じの音です。

図1-9 子音の種類で意味が変わってしまう単語・表現の例

ハングル	개	깨
発音	ge	kke
意味	犬	ごま

ハングル	꺼요	커요
発音	kkoyo	koyo
意味	消します	大きいです

ハングル	달이	딸이
発音	dali	ttari
意味	月が	娘が

ハングル	방이	빵이
発音	bangi	ppangi
意味	部屋が	パンが

ハングル	사다	싸다
発音	sada	ssada
意味	買う	安い

ハングル	아파	아빠
発音	apa	appa
意味	痛い	お父さん

母音と子音のペアに
さらに子音を足すパッチム

 ## 文字の下に置かれる子音

　ここまで、子音の右または下に母音がついた形のハングルを見てきました。ハングルには、さらに、その下にもう１つ子音のついた形があります。

친구（chingu）　　　意味：友だち
형님（hyeongnim）　意味：お兄さん

　上の친구（chingu）の치（chi）の下には、子音ㄴ（n）がついています。これで、치（chi）＋ㄴ（n）＝친（chin）という発音を表します。
　형님（hyeongnim）は、혀（hyeo）＋ㅇ（ng）＝형（hyeong）、니（ni）＋ㅁ（m）＝님（nim）という発音をそれぞれ表します。このように、**子音と母音のペアの下に置かれる子音をパッチムと呼びます。**パッチムの本来の意味は、「下敷き」や「コースター」のことです。

 ## パッチムをグループに分けて理解する

　韓国語の子音は、基本の14個＋５個の濃音で、計19個です。
　ただし、その中にはパッチムとして用いられない子音が３個あります。
　したがって、**この３個を除いた残り16個の子音が、パッチムとして使われることになります。**
　しかし、この16個のパッチムが、すべて異なる発音をするわけではありません。じつは、**同じ発音になる子音が12個あり、これらをまとめて、Ｋ型、Ｐ型、Ｔ型の３つのグループに分けることができる**のです。

図 1-10 韓国語特有の発音ルール「パッチム」

● パッチムに使われる子音は ㄸ、ㅃ、ㅉ 以外の16種類

ㄱ	ㄴ	ㄷ	ㄹ	ㅁ
ㅂ	ㅅ	ㅇ	ㅈ	ㅊ
ㅋ	ㅌ	ㅍ	ㅎ	ㄲ
ㄸ	ㅃ	ㅆ	ㅉ	

● パッチムの発音は3つのグループに分けて理解する

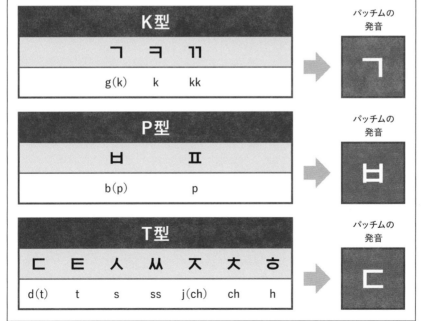

K型		
ㄱ	ㅋ	ㄲ
g(k)	k	kk

パッチムの発音 → ㄱ

P型	
ㅂ	ㅍ
b(p)	p

パッチムの発音 → ㅂ

T型						
ㄷ	ㅌ	ㅅ	ㅆ	ㅈ	ㅊ	ㅎ
d(t)	t	s	ss	j(ch)	ch	h

パッチムの発音 → ㄷ

まず、K型に入るのは、kの音の仲間のㄱ（g (k)）、ㅋ（k）、ㄲ（kk）です。パッチムの発音はㄱ（g (k)）です。P型に入るのは、pの音の仲間のㅂ（b (p)）、ㅍ（p）。パッチムの発音はㅂ（b (p)）です。そして、T型に入るのは、tの音の仲間のㄷ（d (t)）、ㅌ（t）に加えて、ㅅ（s）、ㅆ（ss）、ㅈ（j (ch)）、ㅊ（ch）、ㅎ（h）です。パッチムの発音はㄷ（d (t)）です。

　残り4つのパッチムは、次のように子音の通りに発音します。

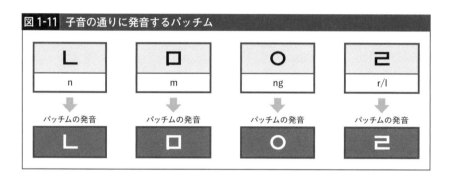

図1-11　子音の通りに発音するパッチム

　このように、**パッチムの発音は、K型、P型、T型の3グループに、上の4つを足して計7個です。**日本語には、「っ」や「ん」以外に子音で終わる音がないので、パッチムを想像しにくいかもしれません。しかし、**じつはK型、P型、T型のパッチムの発音は、日本語の「っ」と同じです。**また、残り4つのうちㄴ（n）、ㅁ（m）、ㅇ（ng）は、日本語の「ん」と同じです。

対応関係にある7種類のパッチムの発音

　K型のパッチムㄱの音は、「あっか」と言うつもりで「か」を発音せず、「あっ」で止めたときの「っ」です。実際に試してみると、口を開いたまま息を止めた状態になっていることがわかります。この口の形は、じつはパッチムㅇを発音するときと同じです。**パッチムㅇの音は、「あんか」と言うつもりで「か」を発音せず、「あん」で止めたときの「ん」です。**

　同様に、**P型のパッチムㅂの音は、「あっぱ」と言うつもりで「ぱ」を発**

音せず、「あっ」で止めたときの「っ」です。口は閉じた状態で、パッチム
ㅁを発音するときと同じ形です。そして、T型のパッチムㄷの音は、「あっ
た」と言うときの「っ」です。舌が上あごの天井についています。これは
パッチムㄴ、またパッチムㄹ（l）を発音するときの口の形と同じです。

図 1-12　K型、P型、T型の口の形

K型	P型	T型
ㄱ ㅋ ㄲ	ㅂ ㅍ	ㄷ ㅌ ㅅ ㅆ ㅈ ㅊ ㅎ
パッチムㄱの発音 [っか] 「あっか」と言うつもりで 「か」を発音せず、 「あっ」で止めたときの「っ」	パッチムㅂの発音 [っぱ] 「あっぱ」と言うつもりで 「ぱ」を発音せず、 「あっ」で止めたときの「っ」	パッチムㄷの発音 [った] 「あった」と言うつもりで 「た」を発音せず、 「あっ」で止めたときの「っ」
○	ㅁ	ㄴ
パッチム○の発音 [んか] 「あんか」と言うつもりで 「か」を発音せず、 「あん」で止めたときの「ん」	パッチムㅁの発音 [んま] 「あんま」と言うつもりで 「ま」を発音せず、 「あん」で止めたときの「ん」	パッチムㄴの発音 [んな] 「あんな」と言うつもりで 「な」を発音せず、 「あん」で止めたときの「ん」
		ㄹ
		パッチムㄹの発音 舌を丸めずに、上あごの天井につける
口の形 😮	口の形 😬	口の形 👄

このように整理すると、パッチムの16個の子音を**たった7種類の使い分
けで発音できるようになる**のです。パッチムがついている字は、慣れるま
では該当する日本語のひらがなをイメージして読むようにしましょう。

図 1-13　パッチムがある単語の例

ハングル	엄마	수박	영어	사실	옷
発音	eomma	subak	yeongeo	sasil	ot
意味	お母さん	スイカ	英語	事実	服

母音同士がくっつく「合成母音」

 ほかの母音と仲よくくっつく

　文字と発音の最後は、**合成母音（複合母音）** と呼ばれる音について説明します。下の図1-14を見てください。まずは、P23で紹介した10個の母音を確認しましょう。

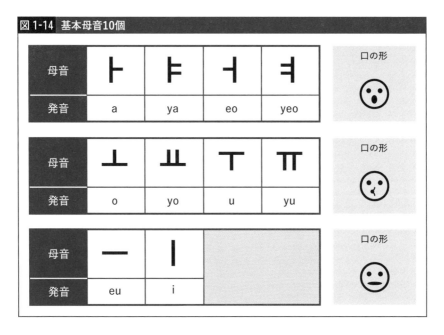

図 1-14 基本母音10個

母音	ト	ト	┤	┤	口の形
発音	a	ya	eo	yeo	

母音	⊥	⊥⊥	ㅜ	ㅠ	口の形
発音	o	yo	u	yu	

母音	―	｜		口の形
発音	eu	i		

　最後の ｜（i）は、ほかの母音と仲よくくっつく特徴があります。

　例えば、上の段の ト（a）、ト（ya）、┤（eo）、┤（yeo）に ｜（i）がくっつき、次ページの図1-15のように ㅐ（ae）、ㅒ（yae）、ㅔ（e）、ㅖ（ye）という合成母音をつくります。

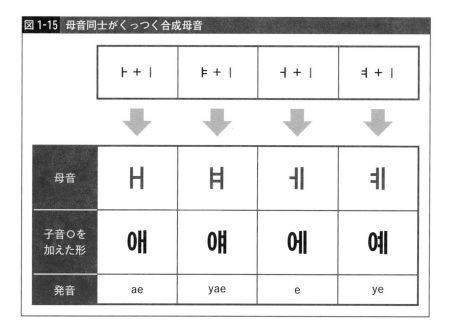

図1-15　母音同士がくっつく合成母音

	ㅏ + ㅣ	ㅑ + ㅣ	ㅓ + ㅣ	ㅕ + ㅣ
	↓	↓	↓	↓
母音	ㅐ	ㅒ	ㅔ	ㅖ
子音ㅇを加えた形	애	얘	에	예
発音	ae	yae	e	ye

ㅐと ㅔ、ㅒと ㅖは、それぞれ「エ」「イェ」と発音します。厳密にはいずれも微妙に異なる音とされていますが、日常会話ではほとんど意識されません。ㅐと ㅔ、ㅒと ㅖは、それぞれ同じ音だと考えて問題ないでしょう。

「ワ」「ウォ」「ウェ」「ウィ」「ウイ」の発音

次は、図1-14で上下に並んでいる ㅏ（a）と ㅗ（o）、ㅓ（eo）と ㅜ（u）に注目してください。これもそれぞれがくっついて、ㅘ（wa）、ㅝ（wo）という合成母音をつくります（次ページ図1-16参照）。それぞれ「オ」と「ア」で「ワ」、「ウ」と「オ」で「ウォ」となります。さらに、ㅘと ㅝにもさきほどの ㅣが仲よくくっついて、ㅙ（wae）、ㅞ（we）という合成母音をつくります。また、ㅗと ㅣがくっついた ㅚ（woe）という合成母音も、ついでに覚えてしまいましょう。ㅙ、ㅞ、ㅚは、いずれの発音も「ウェ」です。それぞれ発音が少しずつ異なりますが、やはり日常会話で違いはさほど意識されません。初級者の段階では、3つとも「ウェ」だと考えて大丈夫です。

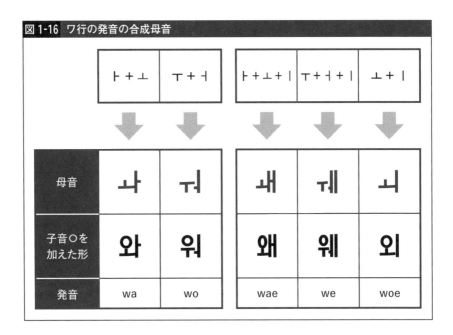

図 1-16　ワ行の発音の合成母音

	ㅏ + ㅗ	ㅜ + ㅓ	ㅏ + ㅗ + ㅣ	ㅜ + ㅓ + ㅣ	ㅗ + ㅣ
母音	ㅘ	ㅝ	ㅙ	ㅞ	ㅚ
子音〇を加えた形	와	워	왜	웨	외
発音	wa	wo	wae	we	woe

　最後は、ㅜとㅡに、またㅣがくっついた形です。次ページの図1-17を見てください。ㅟ（wi）、ㅢ（ui）という合成母音になります。**ㅟは口を小さく丸めた「ウ」と「イ」で「ウィ」、ㅢは口を左右に開いた「ウ」と「イ」で「ウイ」と発音しましょう。**

 発音が一緒でも綴りの違いに注意！

「エ」と発音するㅐとㅔ、「イェ」と発音するㅒとㅖ、そして「ウェ」と発音するㅙ、ㅞ、ㅚは、それぞれ同じ音だと考えてかまいません。ただし文字として単語を書き表す場合、正しい綴りにしたがって区別する必要があります。例えば日本語の「ず」と「づ」は音の違いを意識しませんが、現代仮名遣いでは「水」を「みづ」と書くと誤りになります。韓国語の場合でも、例えば「개」と書くと「犬」で、「게」は「カニ」です。また、「왜」と書くと「なぜ」の意味で、「외」は「外」を表します。このように、音が同じでも綴りが違うと異なる単語になることを理解しておいてください。

図 1-17 「ウィ」と「ウイ」の合成母音

	ㅜ + ㅣ	ㅡ + ㅣ
母音	ㅟ	ㅢ
子音○を加えた形	위	의
発音	wi	ui

図 1-18 合成母音がある単語の例

ハングル	새	얘기	케이크	예산
発音	sae	yaegi	keiku	yesan
意味	鳥	話	ケーキ	予算

ハングル	사과	샤워	인쇄	웨이터
発音	sagwa	syawo	inswae	weiteo
意味	リンゴ	シャワー	印刷	ウエーター

ハングル	해외	회화	쥐	의견
発音	haewe	hwehwa	jui	uigyeon
意味	海外	会話	ネズミ	意見

発音しやすいように 音をつなげる連音化

 パッチムが移動して自然な発音に変化

　以上で、韓国語の発音の解説は終わりです。これで韓国に行って看板やメニューのハングルを読めたり、自分の名前をハングルで書けたりできるようになるはずです。最後にもう１つ、発音の重要なルールについて簡単に説明しておきます。**パッチムのある言葉は、発音しやすいように前後の音がつながることがあります。**これが連音化という現象です。

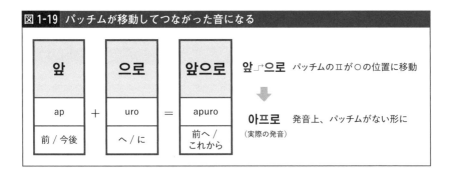

図 1-19　パッチムが移動してつながった音になる

앞		으로		앞으로
ap	+	uro	=	apuro
前 / 今後		へ / に		前へ / これから

앞┌으로　パッチムのㅍが〇の位置に移動

아프로　発音上、パッチムがない形に
（実際の発音）

　앞（ap）は「前、今後、将来」などを表す名詞です。으로（uro）は「方向や手段を表す助詞」で、この２つの言葉をつなげた앞으로（apuro）で、「前へ」または「これから、今後」という意味になります。

　発音する際は、앞と으로を区切って「アプ、ウロ」と読むと韓国人の耳には少し不自然に聞こえます。そこで**ひと息に発音すると、自然と아프로（apuro）のようにパッチムが移動してつながった音になります。**

　前の文字がパッチムで終わり、さらに次の文字が子音〇で始まる場合、原則として何らかの形でこうした連音化が起こります。ただ、**前の文字のパッチムが〇の場合、連音化は起こりません。**

44

英語や日本語にもある連音化

　こうした現象は、韓国語に限りません。英語では、「My name is」を「マ
イ ネイム イズ」ではなく、「マイネイミズ」、「Come on」は「カム オン」
はではなく「カモン」とつなげて発音します。日本語でも、「洗濯機」は文
字通りに読むと「せんたくき」ですが、実際には「せんたっき」と発音され
ることが一般的です。「反応」は「はんおう」ではなく、ｎの音が次の母音に
移って「はんのう」と読みます。数字の600も「ろくひゃく」ではなく「ろ
っぴゃく」、19日も「じゅうきゅうにち」ではなく「じゅうくにち」、雨音も
「あめおと」ではなく「あまおと」ですよね。このような、発音しやすくす
るために読み方が変化する現象が、韓国語にも存在しています。

　ほかにも、韓国語の発音の変化には、有声音化、鼻音化、ㅎの弱音化、流
音化などがあります。初級者の段階では、発音の変化については、ひとま
ず連音化を理解しておけば十分です。

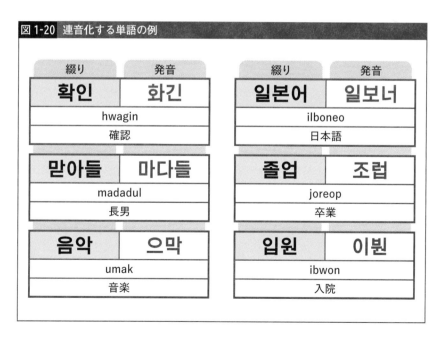

図 1-20　連音化する単語の例

図 1-21 ハングルの母音と子音

母音 子音	ㅏ [a]	ㅑ [ja]	ㅓ [ɔ]	ㅕ [jɔ]	ㅗ [o]	ㅛ [jo]	ㅜ [u]	ㅠ [ju]	ㅡ [ɯ]	ㅣ [i]
ㄱ [k,g]	가	갸	거	겨	고	교	구	규	그	기
ㄴ [n]	나	냐	너	녀	노	뇨	누	뉴	느	니
ㄷ [t,d]	다	댜	더	뎌	도	됴	두	듀	드	디
ㄹ [r,l]	라	랴	러	려	로	료	루	류	르	리
ㅁ [m]	마	먀	머	며	모	묘	무	뮤	므	미
ㅂ [p,b]	바	뱌	버	벼	보	뵤	부	뷰	브	비
ㅅ [s]	사	샤	서	셔	소	쇼	수	슈	스	시
ㅇ [なし]	아	야	어	여	오	요	우	유	으	이
ㅈ [tʃ, ʥ]	자	쟈	저	져	조	죠	주	쥬	즈	지
ㅊ [tʃʰ]	차	챠	처	쳐	초	쵸	추	츄	츠	치
ㅋ [kʰ]	카	캬	커	켜	코	쿄	쿠	큐	크	키
ㅌ [tʰ]	타	탸	터	텨	토	툐	투	튜	트	티
ㅍ [pʰ]	파	퍄	퍼	펴	포	표	푸	퓨	프	피
ㅎ [h]	하	햐	허	혀	호	효	후	휴	흐	히
ㄲ [ˀk]	까	꺄	꺼	껴	꼬	꾜	꾸	뀨	끄	끼
ㄸ [ˀt]	따	땨	떠	뗘	또	뚀	뚜	뜌	뜨	띠
ㅃ [ˀp]	빠	뺘	뻐	뼈	뽀	뾰	뿌	쀼	쁘	삐
ㅆ [ˀs]	싸	쌰	써	쎠	쏘	쑈	쑤	쓔	쓰	씨
ㅉ [ˀtʃ]	짜	쨔	쩌	쪄	쪼	쬬	쭈	쮸	쯔	찌

第2章

文の基本構造

「初級文法」は日本語の感覚で 9割理解できる！

　第２章では、**自己紹介や、自分のことが説明できるようになる、要は、「相手に自分のことを話す」ために必要な文法を中心に解説します。**

　具体的には、助詞、肯定文、否定文、疑問文、語尾にくっつく言葉、過去形などです。

　本章で取り上げる文法は、日本語の感覚のままで理解できるものばかりです。

　例えば、韓国語の助詞は日本語とそっくりですし、語尾を上げると疑問文になったり、日本語の「ですね」「でしょ」と同じようなニュアンスになる言葉もあります。

　ただし、いくら韓国語が日本語の感覚に近いと言っても、基本の文章や日常会話の頻出フレーズをやみくもに丸暗記するような勉強法は、失敗しやすくなります。なぜなら、当然、韓国語と日本語には違いもあるからです。

　例えば、助詞については日本語の感覚とほとんど同じではあるものの、パッチムの有無によって「使い分け」が必要なものがあります。

　また、日本語の動詞は、「読む」「書く」のように、すべて「ウ段」、形容詞も「明るい」「暗い」のように「イ段」で終わりますが、韓国語の場合は、動詞も形容詞も語末がすべて다（ダ）で終わります。

　したがって、韓国語の文法について、ひとつひとつ日本語と紐づけて理解すると同時に、日本語と違う点も理解し、頭の中でしっかりと整理することが大切です。

　では、さっそくステップ１の文法の解説に入りましょう！

図 2-0 第2章の見取り図

日本語とそっくりな韓国語の助詞

⑦助詞　⑧助詞の使い分け

日本語の「が」→**가**(ガ)／**이**(イ)
日本語の「は」→**는**(ヌン)／**은**(ウン)
日本語の「を」→**를**(ルル)／**을**(ウル)

基本的な文章のつくり方

⑨「〜です」の使い方

文が**니다**(ニダ)で終わる→ハムニダ体
文が**요**(ヨ)で終わる→ヘヨ体

⑩否定文

아닙니다(アニムニダ)／**아니에요**(アニエヨ)

⑪「います」と「あります」

있습니다(イッスムニダ)／**있어요**(イッソヨ)

動詞・形容詞の使い方

⑫動詞・形容詞の原形
⑬動詞・形容詞のヘヨ体
⑭動詞・形容詞の否定の形

⑮くっつけ語

⑯過去形

⑰漢数詞／⑱固有数詞

日本語とそっくりな 韓国語の助詞

 "パッチムの有無"で使い分ける

　初めに紹介する文法は、**助詞**の使い方です。

　学生時代に英語を習った人だと、助詞の解説から始まることに少し驚くかもしれません。

　英語をはじめとした世界の多くの言語は、主語、動詞、目的語など、語順によって文の意味が決まります。語順が変わると、意味が180度変わってしまったり、そもそも文が成立しなかったりするのです。

　そのため、「Ｓ＋Ｖ」や「Ｓ＋Ｖ＋Ｏ」など、５文型を理解することが重要になります。

　一方、日本語の場合、語順ではなく助詞によって意味が決まります。

　日本語のように、助詞が重要な役割を果たす言語は、世界的に見ても珍しいのですが、じつは韓国語の助詞は日本語と"そっくり"なのです。

　韓国語にも、日本語の「が」「は」「を」などと同じ役割を担う助詞があります。

친구（友だち） → 친구가 友だちが ／ 친구는 友だちは ／ 친구를 友だちを

　英語圏の国から来た友人の多くから日本語の助詞の使い方を習得するのに苦労したという話をよく聞きますが、韓国人の私にとっては、日本語の助詞の感覚は韓国語によく似ているため、それほど苦労することはありませんでした。

図 2-1　日本語と韓国語の助詞はそっくり

助詞とは……

「が」「は」「を」など、名詞の後ろについて、続く動詞や形容詞などとの関係を示す言葉。文章の意味を読み取るときに語順が重要な英語と違い、日本語では助詞が重要な役割を果たす。韓国語の助詞も、日本語の助詞と役割はほとんど同じ。

木があります。　➡
　ナム　　ガ　　イッソヨ
　나무　가　있어요.
　木　　が　あります。

私は学生です。　➡
　ジョ　ヌン　ハクセン　イエヨ
　저　는　학생　이에요.
　私　は　学生　です。

新しい靴を買いました。　➡
　セ　グドゥ　ルル　サッソヨ
　새　구두　를　샀어요.
　新しい　靴　を　買いました。

日本語と韓国語の助詞の役割は、ほとんど同じ！
しかも、語順も同じなので、日本語の感覚のまま助詞を使うことができる。

パッチムの有無で
助詞を使い分ける

 使い分ける

　前項でお話しした通り、韓国語の助詞は日本語と"そっくり"です。

　韓国語の助詞が日本語と違う点は、**前の単語のパッチムの有無によって使い分ける必要がある**ことです。

　助詞の前の言葉にパッチムがない친구（チング／友だち）、パッチムがある사람（サラム／人）を例に見てみましょう。

　日本語の「が」にあたる韓国語の助詞は、가（ガ）／ 이（イ）の2つです。

　直前の言葉の最後にパッチムがなければ가（ガ）、パッチムがあれば이（イ）を使います。 したがって、친구（チング／友だち）は、가（ガ）がついて「친구가（チングガ／友だちが）」です。사람（サラム／人）は、이（イ）がついて「사람이（サラミ／人が）」になります。

　助詞「は」と「を」も、同じように見てみましょう。

　いずれもパッチムで終わる単語の場合には、은（ウン）、을（ウル）のように○で始まる助詞を使います。

　가（ガ）と이（イ）、는（ヌン）と은（ウン）、를（ルル）と을（ウル）は、パッチムの有無によってそれぞれ2つの形があるものの意味は同じで、あくまで発音が違うだけです。

　また、いずれの助詞も、日本語の「が」「は」「を」とほぼ同じ使い方をすると考えて問題ありません。

　韓国語の助詞は、日本語の助詞の感覚と一部異なる点があるものの、9割がた同じです。 残りの1割の違いについては、後でまた取り上げます。

図 2-2　助詞の使い分け方

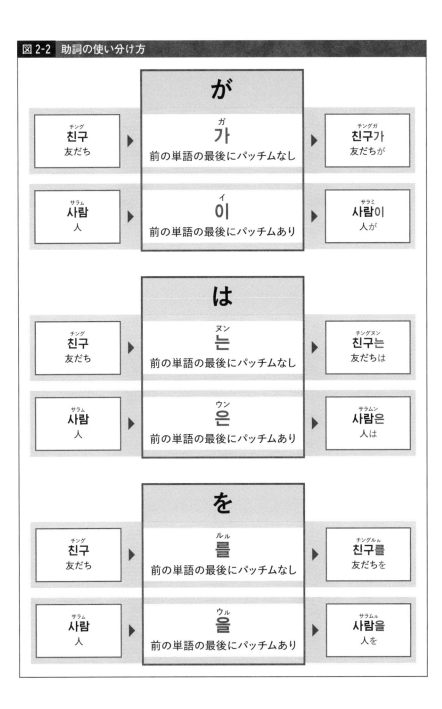

が		
チング **친구** 友だち	ガ **가** 前の単語の最後にパッチムなし	チングガ **친구가** 友だちが
サラム **사람** 人	イ **이** 前の単語の最後にパッチムあり	サラミ **사람이** 人が

は		
チング **친구** 友だち	ヌン **는** 前の単語の最後にパッチムなし	チングヌン **친구는** 友だちは
サラム **사람** 人	ウン **은** 前の単語の最後にパッチムあり	サラムン **사람은** 人は

を		
チング **친구** 友だち	ルル **를** 前の単語の最後にパッチムなし	チングルル **친구를** 友だちを
サラム **사람** 人	ウル **을** 前の単語の最後にパッチムあり	サラムル **사람을** 人を

○で始まる助詞の連音化に注目

　初めは、「助詞の使い分け」という韓国語特有のルールに戸惑うかもしれません が、要は、P44で紹介した**連音化の一種**だと思ってください。

　前述の連音化の項で、○で始まる母音をつなげてひと息に発音するのが自然だと 説明しました。同様に、パッチムで終わる単語は이（イ）をつけて連音化させるわ けです。前ページの図2-2では、사람（サラム）と이（イ）が連音化して사라미（サラミ） になる例を挙げました。ほかのパッチムでも、右の図2-4の通り、同じような連音化 が起こります。

　가の発音は、P28で「カ」と「ガ」の間、それも少し「ガ」寄りの音と説明しました。 特に助詞の가のように母音の後に続いて発音される場合、「ガ」という濁った音に なります。

 ## 「〜ではありません」の表現

　最後に、日本語と異なる助詞の使い方を解説します。

　韓国語の아니에요（アニエヨ）は、日本語の「いいえ」「違います」などにあたる ていねいな否定のフレーズです。助詞가（ガ）と이（イ）をともなって前の単語に 続くと、「〜ではありません」という表現になります。つまり、この場合の**가 と 이の訳は「が」ではなく「では」になる**のです。

図 2-3 「〜ではありません」の表現

第1章
ハングル文字と発音

第2章
文の基本構造

第3章
疑問形・依頼

第4章
韓国語特有の文法

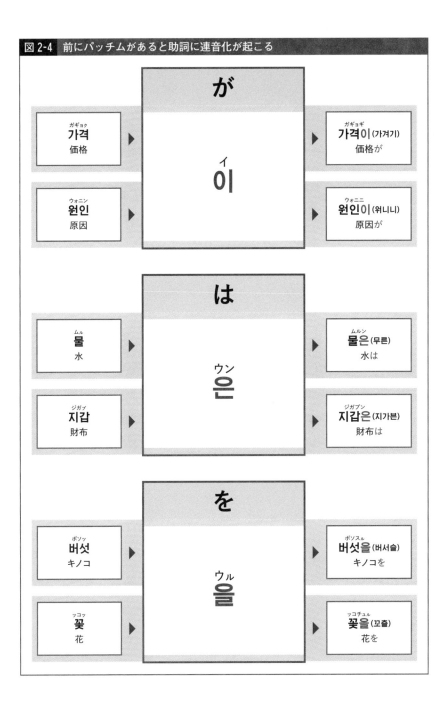

図 2-4　前にパッチムがあると助詞に連音化が起こる

が

イ
이

가격
ガギョク
価格

▶

가격이 (가겨기)
ガギョギ
価格が

원인
ウォニン
原因

▶

원인이 (워니니)
ウォニニ
原因が

は

ウン
은

물
ムル
水

▶

물은 (무른)
ムルン
水は

지갑
ジガプ
財布

▶

지갑은 (지가븐)
ジガブン
財布は

を

ウル
을

버섯
ボソッ
キノコ

▶

버섯을 (버서슬)
ボソスル
キノコを

꽃
ッコッ
花

▶

꽃을 (꼬츨)
ッコチュル
花を

韓国語の「〜です」の表現は2通り

韓国の肯定文は2通り

助詞を理解できると、もう簡単な文章をつくることができます。

> ジョヌン　ハクセンイムニダ
> 저는 학생입니다. (私は学生です。)
> ジョヌン　ハクセンイエヨ
> 저는 학생이에요. (私は学生です。)

저（ジョ）は「私」、는（ヌン）は前述の助詞で「は」、학생（ハクセン）は「学生」の意味です。

両方とも、日本語に訳すと「私は学生です」という同じ意味なのに、なぜ2つの言い方があるかというと、フォーマルとカジュアルの使い分けがあるからです。**韓国語の肯定文の表現は、2通りあります。1つは文が니다（ニダ）で終わる形のハムニダ体、もう1つは요（ヨ）で終わる形のヘヨ体です。**

니다（ニダ）で終わる形はフォーマル

니다（ニダ）と요（ヨ）には、ニュアンスの違いがあります。

まず、**니다（ニダ）で終わる形のほうは、おもにフォーマルな場で使われます。**具体的には、多くの人に向かって話す場面をイメージしてください。

例えば、アナウンサーがテレビなどのニュースを読む場合や、会議、プレゼンテーション、面接、飛行機の機内アナウンスやデパートの店内アナウンスなどで、니다（ニダ）で終わる形が使われます。もちろん例外もありますが、初級者の段階では**「不特定多数の人に対して一方的に話す場合に니다（ニダ）で終わる形が使われる」**と理解しておけば問題ありません。

日本語の「〜であります」のような多少かたい感じの言い方になります。

요（ヨ）で終わる形はカジュアル

　対して、**요（ヨ）で終わる形がよく使われるのは、カジュアルな人と人との会話です。**

　カジュアルな場面で니다（ニダ）で終わる形の文を使うと、相手との間に壁をつくって距離を置くような印象や、あるいは堅苦しくてぎこちない印象を与えます。身近な人との日常会話におけるやりとり、あるいはお店での店員との会話などは、요（ヨ）で終わる表現を使うのが自然です。

　ここで注意したいのは、下の図の通り、**名詞など（体言）につく形はパッチムの有無に応じて2通りある**ということです。

図 2-5　パッチムの有無で形が変わる

〜です

ハクセン **학생** 学生	▶	イエヨ **이에요** 前の単語の最後にパッチムあり	▶	ハクセンイエヨ **학생이에요.** 学生です。
ガス **가수** 歌手	▶	エヨ **예요** 前の単語の最後にパッチムなし	▶	ガスエヨ **가수예요.** 歌手です。

　これも、**子音で終わる単語に○で始まる母音이（イ）を加えて連音化させ、発音しやすくする**しくみです。また、예요（エヨ）の예（エ）は、この場合「イェ」ではなく「エ」と発音します。つまり、이에요（イエヨ）

の에（エ）と同じ音ですが、綴りでは区別されるということです。

 韓国語の疑問文のつくり方は簡単

韓国語の**疑問文**のつくり方は、とてもシンプルです。まず、**니다（ニダ）で終わる形は末尾の다（ダ）を까（ッカ）に変える**だけで疑問文になります。日本語の文で、末尾の「〜です」を「〜ですか？」に変えるだけで疑問文に変わるのと同じ感覚です。

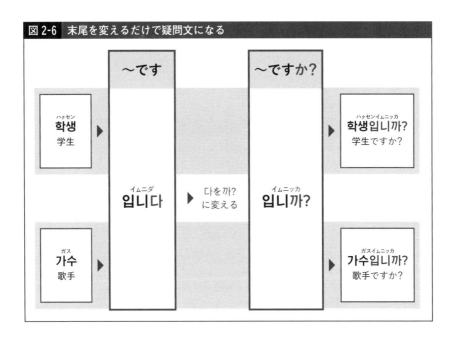

図 2-6　末尾を変えるだけで疑問文になる

〜です		〜ですか？
학생 ハクセン 学生 ▶		**학생입니까?** ハクセンイムニッカ 学生ですか？
입니다 イムニダ	▶ 다を까? に変える	**입니까?** イムニッカ
가수 ガス 歌手 ▶		**가수입니까?** ガスイムニッカ 歌手ですか？

요（ヨ）で終わる形はもっとシンプル。**形は変えず、語尾を上げて発音するだけで疑問文になります。**日本語でも「食べる」などの語尾を上げるだけで疑問文になるのと同じです。文字で表す場合は末尾に「？」をつけます。

학생이에요?（学生ですか？）←語尾を上げて発音する
ハクセンイエヨ

次は、日常会話でよく耳にする文です。

　質問と答えの文の形は一緒。語尾を上げるか下げるか（末尾に？がある
かないか）の違いだけです。

　　괜찮아요？（大丈夫ですか？）←語尾を上げて発音する
　　　グェンチャナヨ

　　괜찮아요．（大丈夫です。）←語尾を下げて発音する
　　　グェンチャナヨ

 文末の形で異なるさまざまな表現

「決まり文句」のようなフレーズの場合は、니다（ニダ）で終わる形を会
話で使っても堅苦しくは聞こえません。次の表現を見てください。

　　감사합니다．（ありがとうございます。）
　　　ガムサハムニダ

　　죄송합니다．（申し訳ありません。）
　　　ジェソンハムニダ

　日本語の場合も、語尾に「ございます」をつけるとフォーマルで堅苦し
い表現になりますが、「ありがとうございます」「おめでとうございます」
などは「決まり文句」としてカジュアルな会話で使われるのと同じです。
　もちろん、どちらも下の文のように요（ヨ）で終わる形にできます。

　　감사해요．（ありがとう。）
　　　ガムサヘヨ

　　죄송해요．（ごめんなさい。）
　　　ジェソンヘヨ

　ていねいな表現には違いありませんが、少しくだけたニュアンスが含ま
れます。そのため、使える場面は限定的と言えるでしょう。

　　화장실이 어디입니까？（トイレはどこですか？）
　　　ファジャンシリ　オディイムニッカ

　　화장실이 어디예요？（トイレはどこですか？）→同じ意味ですが、個
　　　ファジャンシリ　オディエヨ

　人間の会話では요の表現のほうがより自然。

否定文は最後に 否定のフレーズをつけるだけ

2通りの「〜ではありません」

疑問文の次は、**否定文**のつくり方を見てみましょう。

P54で紹介した通り、否定のフレーズである**아니에요**（アニエヨ）を使います。意味は、**「〜ではありません」**です。

아니에요（アニエヨ）は요（ヨ）で終わる形、つまりカジュアルな言葉です。これを니다（ニダ）で終わる形、つまりフォーマルな言葉にすると、**아닙니다**（アニムニダ）になります。意味は同じです。

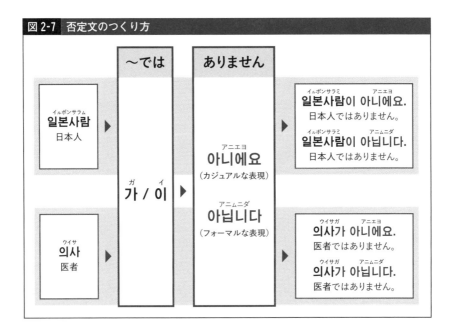

図 2-7 否定文のつくり方

〜では

ありません

일본사람
日本人

가 / 이

아니에요
（カジュアルな表現）

아닙니다
（フォーマルな表現）

일본사람이 아니에요.
日本人ではありません。

일본사람이 아닙니다.
日本人ではありません。

의사
医者

의사가 아니에요.
医者ではありません。

의사가 아닙니다.
医者ではありません。

P54で説明した通り、아니에요（アニエヨ）は助詞가（ガ）／이（イ）

をともないます。前の単語の最後にパッチムがなければ가（ガ）、パッチムがあれば이（イ）を使います。これは니다（ニダ）で終わる形の아닙니다（アニムニダ）も同じです。したがって、パッチムで終わる일본사람（イルボンサラム／日本人）は、일본사람이（イルボンサラミ）아닙니다（アニムニダ）／아니에요（アニエヨ）です。母音で終わる의사（ウイサ）は、의사가（ウイサガ）아닙니다（アニムニダ）／아니에요（アニエヨ）です。「일본사람（イルボンサラム）아닙니다（アニムニダ）／아니에요（アニエヨ）」などと助詞が抜けないよう注意しましょう。

2通りの「〜ではありませんか？」

最後に、**否定の疑問文**もつくってみます。

P58で見たように、니다（ニダ）で終わる形は末尾の다（ダ）を까（ッカ）に変えます。요（ヨ）で終わる形は、語尾を上げて発音する（文字で表す場合は、末尾に？をつける）と疑問文になります。

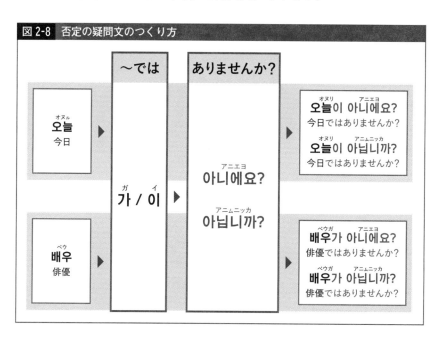

図2-8　否定の疑問文のつくり方

〜では

ありませんか？

オヌル
오늘
今日

ガ　イ
가 / 이

アニエヨ
아니에요?

アニムニッカ
아닙니까?

オヌリ　アニエヨ
오늘이 아니에요?
今日ではありませんか？

オヌリ　アニムニッカ
오늘이 아닙니까?
今日ではありませんか？

ペウ
배우
俳優

ペウガ　アニエヨ
배우가 아니에요?
俳優ではありませんか？

ペウガ　アニムニッカ
배우가 아닙니까?
俳優ではありませんか？

韓国語には「います」と「あります」の区別がない

  「あります・います」の区別はしない

　続いて、「います」「あります」を表現する文のつくり方について説明します。日本語の「約束があります」という表現は、韓国語でも同じように使います。また、日本語の「約束」は、韓国語でも약속（ヤクソク）と、近い発音で表現します。

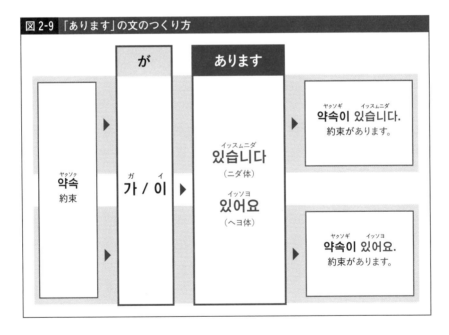

図2-9 「あります」の文のつくり方

　약속は子音で終わるので、「が」にあたる助詞は이（イ）を使います。
　そして、「あります」という表現も、P56で見たようにハムニダ体、もしくはヘヨ体にできます。したがって、シチュエーションがフォーマルかカジ

ュアルかで使い分ければ、簡単に「約束があります」という表現ができるのです。日本語と同様、韓国語も「あります」の表現は幅広く使えます。

_{ナムガ} _{イッスムニダ} _{ナムガ} _{イッソヨ}
나무가 있습니다. / 나무가 있어요. (木があります。)
_{ドニ} _{イッスムニダ} _{ドニ} _{イッソヨ}
돈이 있습니다. / 돈이 있어요. (お金があります。)
_{インキガ} _{イッスムニダ} _{インキガ} _{イッソヨ}
인기가 있습니다. / 인기가 있어요. (人気があります。)

日本語の場合、「ある」と「いる」を使い分けますが、韓国語には「ある」と「いる」の区別がありません。人や動物などの場合も、있습니다（イッスムニダ）もしくは、있어요（イッソヨ）で表現します。

_{ゴヤンイガ} _{イッスムニダ} _{ゴヤンイガ} _{イッソヨ}
고양이가 있습니다. / 고양이가 있어요. (ネコがいます。)
_{オンニガ} _{イッスムニダ} _{オンニガ} _{イッソヨ}
언니가 있습니다. / 언니가 있어요. (姉がいます。)

 ## 「ありません・いません」の表現

「ありません・いません」という否定は、「あります・います」という意味の있습니다 / 있어요を否定の形にするのではなく、없습니다（オプスムニダ）か 없어요（オプソヨ）を使います（次ページの図2-10を参照）。これが、日本語の「ない・いない」のていねい語に相当します。「ありません・いません」も、おおむね日本語と同様にさまざまなシチュエーションで使えます。

_{エイニ} _{オプスムニダ} _{エイニ} _{オプソヨ}
애인이 없습니다. /애인이 없어요. (恋人がいません。)
_{ヨンギガ} _{オプスムニダ} _{ヨンギガ} _{オプソヨ}
용기가 없습니다. /용기가 없어요. (勇気がありません。)

 ## 疑問文のつくり方

있습니다 / 있어요と、없습니다 / 없어요も、疑問文にできます。まず、

있습니다／없습니다のほうは、末尾の다を「까?」に変えるだけです。

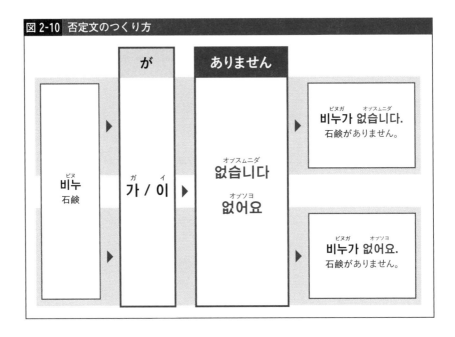

図 2-10 否定文のつくり方

が　　ありません

비누
石鹸

ガ　イ
가 / 이

オプスムニダ
없습니다

オプソヨ
없어요

ビヌガ　オプスムニダ
비누가 없습니다.
石鹸がありません。

ビヌガ　オプソヨ
비누가 없어요.
石鹸がありません。

　있어요／없어요は、同じ形のまま語尾を上げて発音し、文字で表す場合は末尾に「？」をつけます。

ガゲガ　　イッスムニッカ　　　　ガゲガ　　イッソヨ
가게가 있습니까？ ／ 가게가 있어요？（お店がありますか？）

助詞에で幅広い表現をつくる

　日本語の「に」と似た助詞である에（エ）を使うと、さらに幅広い表現がつくれます。**助詞에の場合、前にある単語のパッチムの有無によって使い分ける必要はありません。どんな場合も에の形のままつなげます。**

ゴンウォネ　プンスガ　イッスムニダ　　　　ゴンウォネ　プンスガ　イッソヨ
공원에 분수가 있습니다. ／ 공원에 분수가 있어요.
（公園に噴水があります。）

「何」＝무엇（ムオッ）、「誰」＝누구（ヌグ）、「どこ」＝어디（オディ）などの疑問詞を組み合わせると、より実用的なフレーズがつくれます。

ファジャンシルン　オディエ　イッスムニッカ
화장실은 어디에 **있습니까**？ ／ 화장실은 어디에 **있어요**？

（トイレはどこにありますか？）

ゴギエ　　ムオシ　イッスムニッカ
거기에 **무엇이** 있습니까？ ／ 거기에 **무엇이** 있어요？

（そこに何がありますか？）

サムシレ　ヌガ　イッスムニッカ
사무실에 **누가** 있습니까？ ／ 사무실에 **누가** 있어요？

（事務所に誰がいますか？）

 ### 日本語と異なる使い方に注意

있습니다 ／ 있어요、없습니다 ／ 없어요は、おおむね日本語の「あります・います」「ありません・いません」と同じ使い方ができます。

ただし、慣用的な表現などは、場合によって気をつける必要があります。

例えば、일（イル／ 仕事）です。일は「用事」という別の意味もあるため、**日本語の「明日は仕事があります」と同じ感覚で내일은 일이 있어요．（ネイルン イリ イッソヨ）と伝えてしまうと、仕事ではなく何か別の用事がある、と相手に理解されてしまいます。**

日本語の「明日は仕事があります」は、있습니다 ／ 있어요ではなく「仕事をします」という意味の일합니다（イラムニダ）／일해요（イレヨ）を使って表現します。これは英語のbusinessが文字通りの「ビジネス」だけでなく、「用事」という意味も持つことと似ているといえるでしょう。

ネイルン　イラムニダ　　　　ネイルン　イレヨ
내일은 **일합니다**． ／ 내일은 **일해요**．

（明日は仕事があります。→直訳：明日は仕事をします。）

ネイルン　　イリ　イッスムニダ　　　ネイルン　イリ　イッソヨ
내일은 **일이 있습니다**． ／ 내일은 **일이 있어요**．

明日は用事（予定）があります。

65

韓国語の動詞と形容詞の語末はすべて同じ形

 韓国語の動詞や形容詞は必ず다（ダ）で終わる

　ここまで名詞を使った基本文型について、ハムニダ体、ヘヨ体の２通りで見てきました。ここからは、動詞・形容詞について解説します。

　これらの動詞・形容詞にはすべて、**原形**（または辞書形：辞書に載っている形）があります。

　例えば、日本語の動詞で言えば、「行きます」の基本形（終止形）である「行く」に相当します。

　日本語の動詞は「行く」「食べる」「遊ぶ」のように、すべて「ウ段」で終わります。

　形容詞（および形容動詞）については「おいしい」または「きれいな」のように、すべて語末に「い」または「な」がつきます。

　対して、韓国語の場合は、**動詞も形容詞も語末がすべて다（ダ）で終わる**のが特徴です。

韓国語の動詞と形容詞の例

【動詞】

<ruby>가다<rt>ガダ</rt></ruby> 行く	<ruby>놀다<rt>ノルダ</rt></ruby> 遊ぶ	<ruby>달리다<rt>ダルリダ</rt></ruby> 走る
<ruby>먹다<rt>モクタ</rt></ruby> 食べる	<ruby>보다<rt>ボダ</rt></ruby> 見る	<ruby>서다<rt>ソダ</rt></ruby> 立つ

【形容詞】

<ruby>길다<rt>ギルダ</rt></ruby> 長い	<ruby>높다<rt>ノプダ</rt></ruby> 高い	<ruby>달다<rt>ダルダ</rt></ruby> 甘い
<ruby>맛있다<rt>マシッタ</rt></ruby> おいしい	<ruby>비싸다<rt>ビッサダ</rt></ruby> （価格が）高い	<ruby>세다<rt>セダ</rt></ruby> 強い

第1章
ハングル文字と発音

第2章
文の基本構造

第3章
疑問形・依頼

第4章
韓国語特有の文法

 ㄷ를取った形が語幹になる

日本語は基本形（終止形）のままでも文になりますが、韓国語は必ず活用させます。

活用するうえで、重要になるのが語幹です。**語幹とは、活用しても形が変わらない部分のこと**を指します。例えば、日本語の「食べる」は「食べない」「食べます」「食べた」と活用しますが、語幹である「食べ」の部分は変わりません。

韓国語の動詞と形容詞の場合、次のように語末のㄷを取った形が語幹になります。

語幹は原形から語末のㄷ（ダ）を取った形

【動詞】

[原形] 가다（ガダ）　行く　　　　[語幹] 가（ガ）

먹다（モクタ）　食べる　　　　　　먹（モク）

【形容詞】

[原形] 길다（ギルダ）　長い　　　　[語幹] 길（ギル）

맛있다（マシッタ）　おいしい　　　　맛있（マシッ）

 니다（ニダ）で終わる形はパッチムの有無で2通り

では、動詞・形容詞の原形を니다（ニダ）で終わる形、つまり**フォーマルな表現**に活用させてみましょう。

動詞も形容詞も、ㄷを取って語幹にしたうえで니다をつけます。

ただし、**語幹の最後にパッチムがあるかないかによって、2通りの니다を使い分ける必要があります。**語幹の最後にパッチムがなければㅂ니다（ムニダ）、パッチムがあれば습니다（スムニダ）をつけます。

「行く」という意味の가다（ガダ）は、語幹가（ガ）の最後にパッチムが

ないので、ㅂ니다をつけて갑니다（カムニダ）です。これで「行きます」
になります。もう１つの「高い」という意味の높다（ノプタ）は、語幹높
（ノプ）にパッチムⅡがあるので、습니다をつけて높습니다（ノプスムニ
ダ）です。これで「高いです」になります（図2-11参照）。

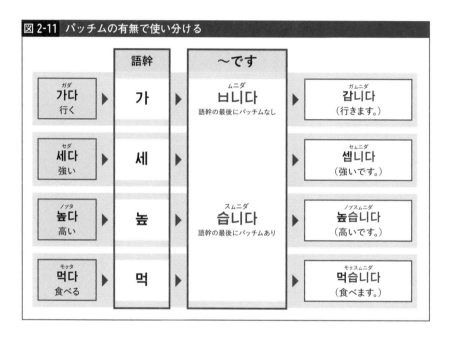

図 2-11 パッチムの有無で使い分ける

　ほかの動詞・形容詞の場合も見てみましょう。

「強い」という意味の세다（セダ）は語幹세（セ）にパッチムがないので、
ㅂ니다をつけて셉니다（セムニダ／強いです）になります。

「食べる」という意味の먹다（モクタ）は、語幹먹（モク）にパッチムㄱ
があるので、습니다が接続して먹습니다（モクスムニダ／食べます）です。
P58で見たように、末尾の다를까？に変えれば疑問文になります。

가다（行く）→갑니다（行きます）→ 갑니까？（行きますか？）
먹다（食べる）→ 먹습니다（食べます）→먹습니까？（食べますか？）

パッチム己の脱落

　動詞・形容詞を니다で終わる形にするうえで、もう1つ注意したいことがあります。

　それは、「遊ぶ」という意味の놀다（ノルダ）、「甘い」という意味の달다（ダルダ）のように、語幹にパッチム己がある場合です。

　パッチムがあるので습니다が接続するはずですが、**パッチム己が脱落してㅂ니다が接続します。**

　したがって、놀다は語幹놀（ノル）のパッチム己が脱落して노（ノ）となったところへㅂ니다が接続し、놉니다（ノムニダ／遊びます）になります。

　同様に、달다も語幹달（ダル）のパッチム己が脱落して다（ダ）になったところへㅂ니다が接続し、답니다（ダムニダ／甘いです）になります。

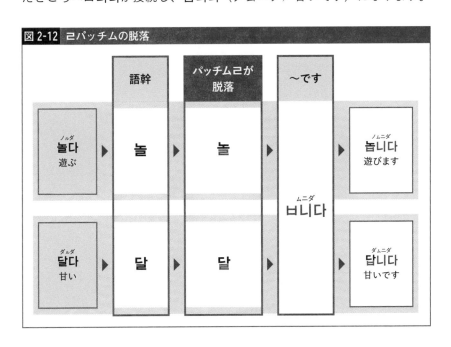

図2-12　己パッチムの脱落

動詞・形容詞の ヘヨ体のつくり方

 パッチムで終わる動詞・形容詞

次は、動詞・形容詞の**ヘヨ体**を見てみましょう。

ここまで見てきた니다（ニダ）、つまりハムニダ体の表現は、パッチムの有無によって２通りの形に変化しました。

しかし、요（ヨ）で終わる形、つまりヘヨ体の表現では、違うルールになります。

ヘヨ体の文章では、語幹の最後の母音によって아요（アヨ）、もしくは어요（オヨ）のいずれかをつけることになります。

右の図を見てください。まず、語幹の母音について①「ㅏ（ア）、ㅗ（オ）」と②「ㅏ／ㅗ以外」の２つに分けます。

語幹の最後の母音が「ㅏ／ㅗ」なら語幹に아요（アヨ）、「ㅏ／ㅗ以外」なら어요（オヨ）をつけます。これで、動詞・形容詞の요で終わる形になります。

では、語幹がパッチムで終わる動詞・形容詞から見ていきましょう。

높다（ノプタ、高い）の語幹は높（ノプ）です。母音は、ㅗで、「ㅏ／ㅗ」に該当するので、아요がつきます。

したがって、높 ＋ 아요で、높아요（ノパヨ）となり、「高いです」という意味になります。

먹다（モクタ）は、「食べる」という意味です。語幹먹（モク）の母音がㅓで、「ㅏ／ㅗ以外」なので、어요がついて、먹어요（モゴヨ）になり、「食べます」という意味になります。

図 2-13　語幹の母音で使い分ける

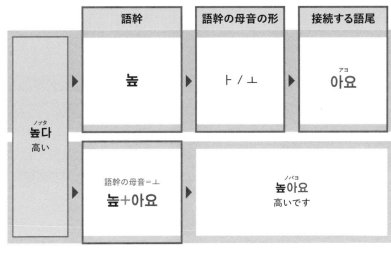

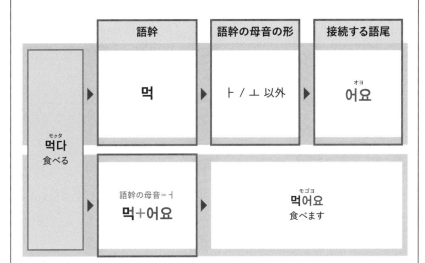

●요で終わる表現

달다 甘い　➡　語幹달の母音＝ㅏ（ㅏ／ㅗ）　➡　달＋아요　➡　달아요（甘いです）

만들다 つくる　➡　語幹만들の最後の母音＝ㅡ（ㅏ／ㅗ以外）　➡　만들＋어요　➡　만들어요（つくります）

第1章　ハングル文字と発音

第2章　文の基本構造

第3章　疑問形・依頼

第4章　韓国語特有の文法

71

語幹が母音で終わる動詞・形容詞

　次は、語幹が母音で終わる動詞・形容詞の場合です。これは語幹がパッチムで終わる場合と異なり、少し変化をさせます。

図 2-14 「行きます」「立ちます」のつくり方

　「行く」を意味する가다（ガダ）の語幹가（ガ）は、母音がㅏ、つまり、「ㅏ ／ ㅗ」なので아요が接続し、가＋아요＝가아요（ガアヨ）になります。しかし、韓国人は間伸びした発音を好まないため、**아（ア）が省略されて가아요が가요（ガヨ）と縮まります。**これは、「ㅏ ／ ㅗ以外」の場合も同様です。

　아や어（オ）が語幹の母音と合わさって、1つになる場合もあります。**마시어요（マシオヨ）が마셔요（マショヨ）という発音になるのは、日本語で「背負う」を「しょう」と発音するのと似ている現象**といえるでしょう。

　そのほか、次ページの図2-15で、「する」を意味する하다（ハダ）など、注意したい動詞・形容詞をまとめています。

図 2-15 注意したい動詞・形容詞のまとめ

●아や어が語幹の母音と合わさって1つになる動詞・形容詞の例

오다	아요が接続	母音が合わさる	요がついた形
오다 オダ 来る	**아요が接続** 語幹の母音=ㅗ(ㅏ/ㅗ) **오＋아요**	**母音が合わさる** **오아요**	**와요** ワヨ 来ます
주다 ジュダ 与える	**어요が接続** 語幹の母音=ㅜ(ㅏ/ㅗ以外) **주＋어요**	**母音が合わさる** **주어요**	**줘요** ジュォヨ 与えます
마시다 マシダ 飲む	**어요が接続** 語幹の母音=ㅣ(ㅏ/ㅗ以外) **마시＋어요**	**母音が合わさる** **마시어요**	**마셔요** マショヨ 飲みます

●어が省略される動詞・形容詞の例

켜다	어요が接続	요がついた形
켜다 キョダ 点ける	➡ **켜＋어요**	➡ **켜요** キョヨ 点けます

세다	어요が接続	요がついた形
세다 セダ 強い	➡ **세＋어요**	➡ **세요** セヨ 強いです

보내다	어요が接続	요がついた形
보내다 ポネダ 送る	➡ **보내＋어요**	➡ **보내요** ポネヨ 送ります

되다	어요が接続	요がついた形
되다 ドェダ なる	➡ **되＋어요**	➡ **돼요** ドェヨ なります

하다	例外的な活用	요がついた形
하다 ハダ する	➡ **하＋여요**	➡ **해요** ヘヨ します

「～です」以外にもさまざまな表現が可能

最後に、おさえておきたい点をまとめてチェックしておきましょう。

요（ヨ）で終わる形は、日本語の「～です」にあたりますが、次のようにさまざまな意味で用いることもできます。

> **≪①平叙文≫**
> 매일 아침을 먹어<u>요</u>.（毎日朝ごはんを食べます。）
>
> **≪②疑問文≫**
> 매일 아침을 먹어<u>요</u>？（毎日朝ごはんを食べますか？）
>
> **≪③勧誘≫**
> 내일 만나<u>요</u>.（明日会いましょう。）
>
> **≪④命令≫**
> 빨리 와<u>요</u>.（早く来てください。）
>
> **≪⑤未来≫**
> 다음주에 한국에 가<u>요</u>.（来週、韓国に行きます。）

P25で説明した通り、요は、唇に力を入れて口を小さく丸めて発音することが基本です。

しかし、**요で終わる形の場合には、あごの力を抜いて口を大きめに開けて発音するほうが自然**です。여に近い発音だとイメージして問題ありません。

日本語の感覚とは違う助詞をともなう動詞

韓国語の動詞・形容詞の多くは日本語と同じ感覚で使えますが、違いもあります。

次のような動詞の場合、助詞の를（ルル）または 을（ウル）をともないます。

1. 友だちに会います。
○ 친구를 만나요. [直訳] 友だちを会います。
チングルル　マンナヨ
× 친구에 만나요.
チングエ　マンナヨ

2. タクシーに乗ります。
○ 택시를 타요. [直訳] タクシーを乗ります。
テクシルル　タヨ
× 택시에 타요.
テクシエ　タヨ

3. 旅行に行きます。
○ 여행을 가요. [直訳] 旅行を行きます。
ヨヘンウル　ガヨ
× 여행에 가요.
ヨヘンエ　ガヨ

4. 韓国ドラマが好きです。
○ 한국드라마를 좋아해요. [直訳] 韓国ドラマを好きです。
ハングクトゥラマルル　ジョアヘヨ
× 한국드라마가 좋아해요.
ハングクトゥラマガ　ジョアヘヨ

第1章
ハングル文字と発音

第2章
文の基本構造

第3章
疑問形・依頼

第4章
韓国語特有の文法

　特に最後の４は間違えやすいので、을 / 를 좋아해요とセットで頭に入れるようにしましょう。また、日本語では「薬を服用すること」を「薬を飲む」と表現しますが、韓国語の場合、「食べる」という意味의 먹다を使います。

약을 먹어요.
ヤグル　モゴヨ
（薬を飲みます。→直訳：薬を食べます）

「否定文」は 2パターンで理解する

 動詞・形容詞の否定

　P60では、否定文「〜ではありません」という意味の아니에요（アニエ
ヨ）／아닙니다（アニムニダ）を使いました。次は、**動詞・形容詞を否定
する形**を紹介します。下の通り、動詞・形容詞の否定の形は①と②の２つ
あります。どちらも意味は同じで、ニュアンスも変わりません。

---

① 지 않다 ジ アンタ　**動詞・形容詞の語幹に接続する**

사다（買う） サダ

: 사지 않습니다. ／ 사지 않아요. （買いません。）
　サジ　アンスムニダ　　サジ　アナヨ

작다（小さい） ジャクタ

: 작지 않습니다. ／ 작지 않아요. （小さくありません。）
　ジャクチ　アンスムニダ　　ジャクチ　アナヨ

② 안 アン　**動詞・形容詞の前に置く**

사다（買う） サダ

: 안 삽니다. ／ 안 사요. （買いません。）
　アン サムニダ　　アン サヨ

작다＝小さい ジャクダ

: 안 작습니다. ／ 안 작아요. （小さくありません。）
　アン ジャクスムニダ　　アン ジャガヨ

　会話では短い表現が好まれる傾向にあるので、사지 않아요（サジ アナ
ヨ）よりも**안 사요**（アン サヨ）のほうがよく用いられます。

 ①지 않다を使った否定の形

「①지 않다（ジ アンタ）」の形から詳しく見ていきましょう。

지 않다は、動詞・形容詞の語幹にそのまま接続します。パッチムの有無などは関係ありません。않다は、지をともなって前の動詞・形容詞を否定する動詞の一種です。これも않습니다（アンスムニダ）／않아요（アナヨ）のように、ハムニダ体とヘヨ体にできます。そのほかの動詞・形容詞に接続した例について、疑問文も含めていくつか見ておきましょう。

기다리다＝待つ（ギダリダ）

➡ 기다리지 않습니다.（ギダリジ　アンスムニダ）／ 기다리지 않아요.（ギダリジ　アナヨ）（待ちません。）

멀다＝遠い（モルダ） ➡ 멀지 않습니다.（モルジ　アンスムニダ）／ 멀지 않아요.（モルジ　アナヨ）（遠くありません。）

비싸다＝（価格が）高い（ビッサダ）

➡ 비싸지 않습니까?（ビッサジ　アンスムニッカ）／ 비싸지 않아요?（ビッサジ　アナヨ）（〈価格〉が高くありませんか？）

---

②안を使った否定の形

「②안（アン）」は、動詞・形容詞の前に置くだけです。文を書くときは、안と動詞・形容詞の間にスペースを入れますが、読むときはひと息に発音します。안と、「次にくる子音」が連音化する場合が多いので、発音には注意が必要です。そのほかの動詞・形容詞の前に置いた例も見ておきましょう。

---

① 하다＝する（ハダ）

➡ 안 합니다.（ア　ナムニダ）/ 안 해요（ア　ネヨ）（しません。）

② 느리다＝遅い（ヌリダ）

➡ 안 느립니다.（アン　ヌリムニダ）/ 안 느려요（アン　ヌリョヨ）（遅くありません。）

③ 길다＝長い（ギルダ）

➡ 안 깁니까?（アン　ギムニッカ）/ 안 길어요?（アン　ギロヨ）（長くありませんか？）

ただし、「運動する」という意味の운동하다（ウンドンハダ）、「結婚する」

という意味の結婚하다（キョロナダ）などのように、名詞に하다（ハダ）＝「する」がついた形の動詞は、안を하다の前に置かなくてはいけません。

^{ウンドン}운동 運動＋^{ハダ}하다 する ＝ ^{ウンドンハダ}운동하다（運動する）
➡ ^{ウンドン ア ナムニダ}운동 안 합니다. / ^{ウンドン ア ネヨ}운동 안 해요（運動しません）

 ## 肯定・否定が対になった動詞・形容詞

ほかに、肯定と否定が対(つい)になった動詞・形容詞もあります。

^{マッ}맛 味 ＋ ^{イッタ}있다 ある ＝ ^{マ シッタ}맛있다 ＝ おいしい
　　　　➡ ^{マ シッスムニダ}맛있습니다. / ^{マ シッソヨ}맛있어요. おいしいです。
　　　^{オプタ}없다 ない ＝ ^{マ ドプタ}맛없다 ＝ まずい
　　　　➡ ^{マ ドプスムニダ}맛없습니다. / ^{マ ドプソヨ}맛없어요. まずいです。
^{ジェミ}재미 面白さ ＋ ^{イッタ}있다 ある ＝ ^{ジェミ イッタ}재미있다 ＝ 面白い
　　　　➡ ^{ジェミ イッスムニダ}재미있습니다. / ^{チェミ イッソヨ}재미있어요. 面白いです。
　　　^{オプタ}없다 ない ＝ ^{ジェミ オプタ}재미없다 ＝ つまらない
　　　　➡ ^{ジェミ オプスムニダ}재미없습니다. / ^{ジェミ オプソヨ}재미없어요. つまらないです。

　P62で見た「あります・います」という意味の있습니다（イッスムニダ）／있어요（イッソヨ）（原形있다 イッタ＝ある・いる）は、名詞について上のような形容詞（合成語）をつくります。

　反対の意味は、同じ名詞に「ありません・いません」という意味の없습니다（オプスムニダ）／없어요（オプソヨ。原形없다 オプタ＝ない・いない）がついた形容詞で表します。

　「知る・わかる」を意味する動詞의알다（アルダ）は、「知らない・わからない」という意味의모르다（モルダ）という動詞が反対の意味の言葉です。모르다は不規則な活用なので、요がつくと몰라요（モルラヨ）になります。

否定に含みを持たせる表現

日本語と同様、韓国語にも「明確に否定しない表現」を用いて、キツイ印象にならないように否定する場合も多いです。

1. 그렇게 それほど
　➡ 그렇게 좋아하지 않아요./ 그렇게 안 좋아해요.
（そんなに好きではありません。）
2. 별로 別に
　➡ 별로 좋아하지 않아요. / 별로 안 좋아해요.
（別に好きではありません。）
3. 그냥 그래요. （普通です。）

 ①지 않다と②안の違い

　①と②に意味の違いはありませんが、지 않다しか使わない場合があります。例えば、名詞に動詞が結びついた맛있다などの合成語は、지 않다で否定文をつくれるものの안は使いません。

맛있다 おいしい ➡ ○ 맛있지 않아요. おいしくありません。
　　　　　　　　　　　 × 안 맛있어요.
손대다 触る ➡ ○ 손대지 않아요. 触りません。× 안 손대요.

※손대다は손＝「手」と대다＝「あてる」の合成語。안を使った用例はいずれも皆無ではないが、まれ。

会話を豊かにする「くっつけ語」

動詞・形容詞の語幹にそのままくっつけるだけ

　続いては、**語尾**について説明します。日本語の「ですね」「でしょ」「ですが」などの語尾は、動詞・形容詞の最後にくっつき、さまざまなニュアンスを表現することができます。同様に、韓国語にもこれらに相当する語尾があるのです。

　使い方は、とてもシンプル。次ページ図2-16の右上を見てください。ここまで見てきたハムニダ体、ヘヨ体などは、語幹の最後にパッチムがあるか、または語幹の最後の母音がト／ㅗか、などにより異なる語尾に接続しました。しかし、右で挙げている語尾は、いずれも語幹にそのままつけるだけです。

　ただし、注意点が１つ。それは、**語尾によってパッチムㄹの脱落が起こる**ことです。図2-16の右下を見てください。P69でふれた通り、語幹の最後にパッチムㄹがある動詞・形容詞を**ㄹ語幹用言**といいます。そして、ㄹ語幹用言にㄴ、ㅂ、ㅅ、パッチムㄹで始まる語尾が続くと、語幹の最後のパッチムㄹが脱落します。したがって、冒頭で紹介した３つの語尾のうちㄴで始まる네요（ネヨ）が接続するとパッチムㄹの脱落が起こります。これらの「くっつけ語」がどのようなニュアンスで使われるか、下の例文を見てたしかめてみましょう。

> ヨジュム　ジャジュ　マンナネヨ
> 요즘 자주 만나네요. （最近よく会いますね。）
> ガルビガ　ジェイル　マシッチョ
> 갈비가 제일 맛있죠. （カルビが一番おいしいでしょ。）
> マニ　モクチマン　サルン　アンッチョ
> 많이 먹지만 살은 안쪄요. （たくさん食べますが、太りません。）
> センガッポダ　モネヨ
> 생각보다 머네요. （思ったより遠いですね。）

図 2-16 くっつけ語は、語幹にそのままつけるだけ

	語幹	語尾	
マンナダ **만나다** 会う	マンナ **만나**다	ネヨ **네요** ですね	マンナネヨ **만나네요** 会いますね
			マンナジョ **만나죠** 会うでしょ
			マンナジマン **만나지만** 会いますが
モクタ **먹다** 食べる	モク **먹**다	ジョ **죠** でしょ	モンネヨ **먹네요** 食べますね
			モクチョ **먹죠** 食べるでしょ
			モクチマン **먹지만** 食べますが
マシッタ **맛있다** おいしい	マシッ **맛있**다	ジマン **지만** ですが	マシンネヨ **맛있네요** おいしいですね
			マシッチョ **맛있죠** おいしいでしょ
			マシッチマン **맛있지만** おいしいですが

	語幹	語尾	
モルダ **멀다** 遠い	モル **멀**다	ネヨ **네요** ですね	パッチムㄹが脱落 モネヨ **머네요** 遠いですね
			モルジョ **멀죠** 遠いでしょ
		ジョ **죠** でしょ	モルジマン **멀지만** 遠いですが
ヒムドゥルダ **힘들다** 大変だ	ヒムドゥル **힘들**다		パッチムㄹが脱落 ヒムドゥネヨ **힘드네요** 大変ですね
		ジマン **지만** ですが	ヒムドゥルジョ **힘들죠** 大変でしょ
			ヒムドゥルジマン **힘들지만** 大変ですが

81

「過去形」は 「過去形の語尾」をつけるだけ

過去形のつくり方は簡単

　過去形というと、学生時代に習った英語の過去時制や不規則動詞を思い出して難しそうに感じてしまうかもしれません。

　しかし、韓国語の過去形のつくり方は、とてもシンプルです。**ヘヨ体の最後の요（ヨ）の代わりに、過去形の語尾＝ㅆ습니다（ッスムニダ）／ㅆ어요（ッソヨ）をつける**だけ（図2-17参照）。ヘヨ体のつくり方を理解していれば、特に難しいことはありません。

日本語とニュアンスが異なる過去形もある

　韓国語の過去形は、基本的に日本語と同じようにつくれます。ただ、中には少し意訳をする必要のある過去形の表現もあります（図2-18参照）。

　日本語は「現在の状態」を「疲れた」「お腹が空いた」などと過去形で表すことがありますが、韓国語の場合は以下のように形容詞の現在形で表します。過去形にすると、過去の話をしていると誤解されてしまうので注意しましょう。

1.　피곤하다 ＝ 疲れている
ピゴナダ

例：오늘은 좀 피곤해요.
　　オヌルン ジョム ピゴネヨ

（今日はちょっと**疲れました**。→直訳：今日は疲れます。）

2.　배고프다 ＝ 空腹だ
ベゴプダ

例：공부해서 배고파요.
　　ゴンブヘソ ベゴパヨ

（勉強して**お腹が空きました**。→直訳：勉強してお腹が空きます。）

図 2-17 過去形のつくり方

図 2-18 日本語にするときに、少し意訳の必要がある単語

1 결혼하다 ^{ギョロナダ} ＝ 結婚する

➡ 過去形：결혼했습니다 ^{ギョロネックスムニダ}. ／ 결혼했어요 ^{ギョロネッソヨ}. 結婚しました ［日本語の意味］結婚しています

> 例：남준 ^{ナムジュン} 씨는 ^{ッシヌン} 결혼했어요 ^{ギョロネッソヨ}?
> （ナムジュンさんは結婚していますか？）
> 결혼 ^{ギョロ} 안 ^ナ 했어요 ^{ネッソヨ}.
> （結婚していません。）

2 닮다 ^{タムタ} ＝ 似る

➡ 過去形：닮았습니다 ^{タルマッスムニダ}. ／ 닮았어요 ^{タルマッソヨ}. 似ました ［日本語の意味］似ています

> 例：친구는 ^{チングヌン} 영화배우를 ^{ヨンファベウルル} 닮았어요 ^{タルマッソヨ}.
> （友だちは映画俳優に似ています。）

3 잘생기다 ^{ジャルセンギダ} ＝（人が）いい外見を持つ

➡ 過去形：잘생겼습니다 ^{ジャルセンギョッスムニダ}. ／ 잘생겼어요 ^{ジャルセンギョッソヨ}. いい外見を持ちました
［日本語の意味］美人です／美男です

> 例：남자 ^{ナムジャ} 친구가 ^{チングガ} 너무 ^{ノム} 잘생겼어요 ^{ジャルセンギョッソヨ}.
> （彼氏がすごくイケメンなんです。）

過去形を使った仮定の表現

韓国語にも、過去形を使った多様な表現があります。それが**仮定**です。

過去形の語尾ㅆに仮定を表す語尾면（ミョン）もしくは으면（ウミョン）が組み合わさった形のㅆ으면（ッスミョン）を使います（図2-19参照）。

現在形でも同じ文をつくれますが、**過去形を使うと「願う状況がまだ実現していない」というニュアンスが強調されます**。

日本語とニュアンスが異なる過去形もある

時間の経過などを話題にするとき、下のような言葉が一緒によく用いられますので合わせておさえておきましょう。

어제（昨日） ／ 오늘（今日） ／ 내일（明日）
例：어제는 오늘보다 추웠습니다.

（昨日は今日より寒かったです。）

지난주（先週） ／ 이번 주（今週） ／ 다음 주（来週）
例：지난주와 이번 주는 쉬었어요.

（先週と今週は休みました。）

지난달（先月） ／ 이번 달（今月） ／ 다음 달（来月）
例：다음 달에도 예약했습니다.

（来月も予約しました。）

작년（去年） ／ 올해（今年） ／ 내년（来年）
例：올해도 반이 지나갔어요.

（今年も半分が過ぎました。）

第1章
ハングル文字と発音

第2章
文の基本構造

第3章
疑問形・依頼

第4章
韓国語特有の文法

図 2-19　仮定の文のつくり方

仮定の文＝仮定を表す語尾면（ミョン）と으면（ウミョン）が組み合わさった從으면（ッスミョン）を過去形の語尾に使う

【仮定の表現①】

從으면 하다（〜だったらと思う）

오다 ＝ 来る
（オダ）

➡ ［ヘヨ体から語幹を取り出した形］와 ＋ 從으면 ➡ 왔으면　来たら
　　　　　　　　　　　　　　　　（ワ）　（ッスミョン）　（ワッスミョン）

> 例：빨리 봄이 왔으면 합니다.
> 　　（ッパルリ ボミ ワッスミョン ハムニダ）
> 　　（早く春が来たらと思います。）

있다 ＝ ある・いる
（イッタ）

➡ ［ヘヨ体から語幹を取り出した形］있어 ＋ 從으면 ➡ 있었으면　いたら
　　　　　　　　　　　　　　　　（イッソ）　（ッスミョン）　（イッソッスミョン）

> 例：네가 곁에 있었으면 해요.
> 　　（ネガ ギョテ イッソッスミョン ヘヨ）
> 　　（君がそばにいたらと思います。）

【仮定の表現②】

從으면 좋겠다（〜だったらいいだろう）

많다 ＝ 多い
（マンタ）

➡ ［ヘヨ体から語幹を取り出した形］많아 ＋ 從으면 ➡ 많았으면　多かったら
　　　　　　　　　　　　　　　　（マナ）　（ッスミョン）　（マナッスミョン）

> 例：종류가 더 많았으면 좋겠어요.
> 　　（ジョンニュガ ド マナッスミョン ジョケッソヨ）
> 　　（種類がもっと多かったらいいでしょう。）

日本語のイメージで覚えられる「漢数詞」

 韓国語の数詞も2通り

次は、韓国語の**数の数え方**について解説します。

日本語の場合、数の数え方は、漢語と和語の2種類があります。

漢語は、1（一）、2（二）、3（三）、4（四）、5（五）……のように数え、数字に上限がありません。

和語は、ひとつ、ふたつ、みっつ、よっつ、いつつ……、というような数え方です。10個の数詞で10まで数えることができます。

このような日本語と同様、韓国語にも**漢数詞**と**固有数詞**があります。

漢数詞は、日本語の漢語による数え方と同じです。百、千、万、億などの単位も同じで、漢字の発音が韓国式になるだけです。

固有数詞は日本語の和語による数え方に相当しますが、18個の数詞を組み合わせて99まで数えることができます。韓国語の数詞は日本語とよく似ていることがおわかりいただけると思います。

 日本語との数え方の違い

漢数詞は日本語と同じ漢字を使っているので、発音も何となく似ていることが実感できるはずです。

とはいえ、細かな違いもあります。

例えば、日本語で1万（いちまん）、1000万（いっせんまん）は頭に1をつけて読みますが、韓国語は百や千と同様に만（マン）＝「万」、천만（チョンマン）＝「千万」です。億以上の位からは、1をつけて読みます。

算用数字とハングルを混ぜて書くときは、만に1をつけます。

図 2-20 漢数詞の数え方

■漢数詞

算用数字	漢字	ハングル
1	一	イル 일
2	二	イ 이
3	三	サム 삼
4	四	サ 사
5	五	オ 오
6	六	ユク 육
7	七	チル 칠
8	八	パル 팔
9	九	グ 구
10	十	シプ 십

■単位

算用数字	漢字	ハングル
100	百	ペク 백
1,000	千	チョン 천
10,000	万	マン 만
100,000,000	億	オク 억
0	零	ヨン 영
0	-	ゴン 공

■1～12月の表し方

算用数字	漢字	ハングル
1月	一月	イルオル 일월
2月	二月	イウォル 이월
3月	三月	サムオル 삼월
4月	四月	サウォル 사월
5月	五月	オウォル 오월
6月	六月	ユウォル 유월
7月	七月	チルオル 칠월
8月	八月	パルオル 팔월
9月	九月	グウォル 구월
10月	十月	シウォル 시월
11月	十一月	シビルオル 십일월
12月	十二月	シビウォル 십이월

0の読み方も、日本語と韓国語で少し異なります。

日本語ではスポーツ競技の得点（「0対1」れいたいいち）、小数点がついた数字（「0.1」れいてんいち）など、数詞の0を「零（れい）」と読むのが原則です。

ただ、電話番号を伝える際などは、一般的に「ゼロ」と読みます。

韓国語でも「ゼロ」を表わす제로（ジェロ）を使うことはありますが、おもに**영（ヨン）と공（ゴン）が0を表します。**

영は、漢字の「零」の韓国式発音です。日本語と同じく、スポーツ競技の得点、小数点がついた数字などに用いられます。

もう1つの공が使われるケースは、電話番号などです。공が0を表すのは、漢字の「空」（공）に由来とする説もあります。

スポーツ競技の得点

例：0対1 = 0 대 1 （영 대 일）
　　　　　　　　　ヨン デ イル

小数点

例：0.46パーセント = 0.46 퍼센트 （영 점 사육 퍼센트）
　　　　　　　　　　　　　　　　ヨンチョム サユク　ポセントゥ

電話番号

例：02-730-5800 （공이의 칠삼공의 오팔공공）
　　　　　　　　　ゴンイエ　　チルサムゴンエ　オパルゴンゴン

※日本語で電話番号の区切りに「の」を挟むのと同様に、韓国語も「の」にあたる助詞의（エ）を挟むことが多い。

 金額、日にちを表現してみる

韓国語の漢数詞は、金額、日にち、そのほか長さや重さや量など数値を表す場合に用いられます。

次は、金額の例です。

400ウォン＝400원（사백 원）
サベ グォン

1600ウォン＝1600 원（천육백 원）
チョニュクペグォン

1万2900ウォン＝1만 2900 원（만 이천구백 원）
マ ニチョングベ グォン

260万1000ウォン＝260만 1000 원（이백육십만 천 원）
イベンニュクシムマンチョヌォン

1700万ウォン＝1700만 원（천칠백만 원）
チョンチルベンマヌォン

1億8600万ウォン＝1억 8600만 원（일억 팔천육백만 원）
イロク パルチョニュクペンマ ヌォン

日にちは、日本語と同様に년（ニョン）＝「年」、월（ウォル）＝「月」、일（イル）＝「日」を順に並べて読むだけです。

ただし、月の読み方のうち、6月と10月は注意が必要です。6月は육（ユク）＝「6」＋월（ウォル）＝「月」で육월（ユゴル）となるはずですが、パッチムㄱが省略された유월（ユウォル）が正解です。

同様に10月も십월（シブォル）とならず、시월（シウォル）。いずれもパッチムの連音化の発音が面倒なので、省略された形が自然に定着しました。

2025年12月25日
＝2025년 12월 25일（이천이십오년 십이월 이십오일）
イチョニシボニョン　シビウォル　イシボイル

ここまでの表現をマスターできれば、以下のような文もつくれるようになります。

例：승차권은 1730 엔（천칠백삼십 엔）입니다.
スンチャグォヌン チョンチルベクサムシベ　チョンチルベクサムシ ベ　ニムニダ

（乗車券は1730円です。）

例：은빈 씨 생일은 9월 4일（구월 사 일）이에요.
ウンビン ッシ センイルン クウォル サイ　クウォル サ イ　リエヨ

（ウンビンさんの誕生日は9月4日です。）

韓国の古いビルには4階がない？

　漢数詞のように、韓国語は漢字で表される言葉（漢字語）が多く使われています。例えば、여행（ヨヘン）＝「旅行」、음악（ウマク）＝「音楽」、배우（ベウ）＝「俳優」、공연（ゴンヨン）＝「公演」などがあります。また、속하다（属하다 ソカダ）＝「属する」、벌하다（罰하다 ボラダ）＝「罰する」、면하다（免하다 ミョナダ）＝「免じる」など、韓国語と結びついた漢字語も多いです。

　漢字文化を共有する韓国と日本は、意外なところにも共通点があります。

　例えば、韓国語の漢数詞で「四」の発音は、사（サ）です。これは、사각형（サガキョン）＝「四角形」、사사오입（ササオイプ）＝「四捨五入」、また사면초가（サミョンチョガ）＝「四面楚歌」などの熟語や故事成語でもおなじみですが、じつは漢字の「死」＝사と発音が同じなのです。

　「死」は韓国語でも사망사고（サマンサゴ）＝「死亡事故」、사인（サイン）＝「死因」、치사율（チサユル）＝「致死率」、구사일생（グサイルセン）＝「九死一生」、기사회생（キサフェセン）＝「起死回生」、생로병사（センノビョンサ）＝「生老病死」などの言葉で知られている漢字です。

　「死」と発音が同じことから、韓国でも日本や中国語圏のように「四」＝4という数字を忌避する迷信が根づいていました。近年になって、ようやく過去の風習という位置づけになっているように思いますが、90年代以前に建てられたビルには「4階」がないことも珍しくありません。3階の次が5階になっている、あるいは4という数字を避けてfourを意味する「F階」と表示されている、といった具合です。また、2001年に開業した仁川国際空港でも、50番まである搭乗ゲートのうち4番、13番、44番が欠番になりました。

　ほかにも日本でおなじみの七転八起や一罰百戒は、そのまま**칠전팔기**（チルチョンパルギ）、**일벌백계**（イルボルベクケ）です。このように漢数詞から紐解くだけでも、多彩な語彙の世界に触れられます。

日本と韓国のマナーの違い

韓国人の私の目から見て、日本と韓国ではマナーについていくつか違いがあります。

 1. 目上の人と握手したり、お酒を注いでもらうときは必ず両手を使う

日本でも相手に敬意を表して行うことがありますが、必須ではないと思います。一方、韓国ではマナーなので、両手を使わないと相手は無礼と受け取ります。特にビジネスシーンでは重要なマナーと言えるでしょう。

 2. 目上の人の前でお酒を飲むときは横を向いて飲む

マナーというよりも、習慣や礼儀と言えるかもしれません。日本人が目上の人に対してお辞儀するような感覚と同じです。韓国では、正面でお酒を飲むことは相手と対等であることを意味します。

韓国では、儒教の考え方から目上の人を大切にする傾向があります。「土下座」は、日本では「謝罪」のニュアンスが強いように思います。一方、韓国では目上の人に対する「挨拶」の形式の意味合いが強く、特に新年を迎えるときやお葬式でよく見られます。

 3. 食べるときに、お茶碗を持たない

文化や習慣というより「道具」の問題もあります。韓国の食器は日本と違って、熱が伝わりやすい鉄やステンレス製が多く、熱い石焼きを使う料理もあります。そのため、そもそも熱くて持ったり、口に当てたりすることが難しいのです。また、ごはんやスープをすくいやすいようにスプーンを使う文化もあります。日本人の目からすると、お茶碗を持って食べないことはマナーが悪いと思うかもしれませんが、そうではないのです。

「固有数詞」は
"しくみ"で理解する

1ケタと2ケタを組み合わせる

次は固有数詞を見てみましょう。

韓国語の固有数詞は、日本語の「ひとつ、ふたつ…とお」に相当する10個があります。 加えて、20、30、40、50、60、70、80、90の2ケタの位を表す固有数詞が8個です。そして「とお＋ひとつ」で11、「20＋ふたつ」で22、というように組み合わせて99までを数えます。100から上の数字は、漢数詞にバトンタッチします。

しくみは意外なほど簡単ですが、1つだけイレギュラーな点があります。それは、**一部の数字だけ、助数詞がついたときに形が変わる**ことです。

助数詞とは、「10名」「20個」「30匹」の「名」「個」「匹」のことです。数は日本語ほど多くありませんが、韓国語も人、動物、モノなど数える対象によって助数詞を使い分けます。

右の図を見てください。**「ひとつ」「ふたつ」「みっつ」「よっつ」と「20」だけ2通りのハングルがあります。** つまり、この5つは助数詞がつくと右の図のように変化するということです。

固有数詞で人を数える

漢数詞と異なり、固有数詞は人やモノなどを数えるときに使います。

まず、人を数えてみます。日本語で「3人です」「10名です」というときの「人」や「名」、つまり人を数えるときの助数詞は、韓国語で명（ミョン）。これは、「名」という漢字の韓国式発音です。「ひとつ」は하나（ハナ）ですが、助数詞の명（ミョン）がつくことで한（ハン）に変わってい

図 2-21 固有数詞の数え方

日本語	ハングル	
ひとつ	ハナ 하나	ハン 한
ふたつ	ドゥル 둘	ドゥ 두
みっつ	セッ 셋	セ 세
よっつ	ネッ 넷	ネ 네
いつつ	ダソッ 다섯	
むっつ	ヨソッ 여섯	
ななつ	イルゴプ 일곱	
やっつ	ヨドル 여덟	
ここのつ	アホプ 아홉	
とお / 10	ヨル 열	

日本語	10の位+1の位=固有数詞
11	ヨル 열 + ハナ 하나 = ヨラナ 열하나
12	ヨル 열 + トゥル 둘 = ヨルトゥル 열둘
13	ヨル 열 + セッ 셋 = ヨルセッ 열셋
14	ヨル 열 + ネッ 넷 = ヨルレッ 열넷
15	ヨル 열 + タソッ 다섯 = ヨルタソッ 열다섯
16	ヨル 열 + ヨソッ 여섯 = ヨリョソッ 열여섯
17	ヨル 열 + イルゴプ 일곱 = ヨリルゴプ 열일곱
18	ヨル 열 + ヨドル 여덟 = ヨリョドル 열여덟
19	ヨル 열 + アホプ 아홉 = ヨラホプ 열아홉

日本語	ハングル	
20	スムル 스물	スム 스무
30	ソルン 서른	
40	マフン 마흔	
50	シュイン 쉰	
60	イェスン 예순	
70	イルン 일흔	
80	ヨドゥン 여든	
90	アフン 아흔	

ます。同様に、「20」の스물（スムル）も、스무 명（スム ミョン）になります。

人 : 명^{ミョン}＝「名」

미국인이 한 명 있습니다.（アメリカ人が1人います。）
<small>ミグギニ　ハンミョン　イッスムニダ</small>

유학생 열일곱 명이 왔습니다.（留学生17名が来ました。）
<small>ユハクセン　ヨリルゴム　ミョンイ　ワッスムニダ</small>

스무 명이 모였어요.（20名が集まりました。）
<small>スム　ミョンイ　モヨッソヨ</small>

관객 천만 명을 동원했습니다.（観客1000万人を動員しました。）
<small>グァンゲク　チョンマン　ミョヌル　ドンウォネッスムニダ</small>

 モノを数えるさまざまな助数詞

モノを数える助数詞は、たくさんあります。

例えば、日本語で「1個」「1台」というときの「個」や「台」は、韓国語でも同じ漢字を使って개（ゲ）、대（デ）と発音します。

モノ : 개^ゲ＝「個」대^デ＝「台」권^{グォン}＝「冊」장^{ジャン}＝「枚」

주먹밥을 네 개 만들어요.
<small>ジュモクパブル　ネ　ゲ　マンドゥロヨ</small>

（おにぎりを4個つくります。）

컴퓨터 오십 대를 기부합니다.
<small>コムピュト　オシラ　デルル　ギブハムニダ</small>

（コンピュータ50台を寄付します。）

지난해 책을 쉰 권 읽었어요.
<small>ジナネ　チェグル　シュィングォン　イルゴッソヨ</small>

（去年は本を50冊読みました。）

첫 솔로 앨범이 백만 장 팔렸습니다.
<small>チョッソルロ　エルボミ　ベンマンジャン　パルリョッスムニダ</small>

（初ソロアルバムが100万枚売れました。）

また、飲食に関する助数詞も、旅行では必須でしょう。

料理は何人前かを選ぶメニューの場合に인분（インブン）＝「人前」を使いますが、この場合は漢数詞を使います。1人用のメニューや一品料理

が1つの場合は、助数詞なしで하나。2つ以上は、두 개（ドゥ ゲ／2つ）、세 개（セ ゲ／3つ）のように、개をつけるのが一般的です。

モノ：잔 =「杯」 병 =「本（瓶）」 인분 =「人前」

카페라떼 두 잔을 시켰어요.

（カフェラテを2杯頼みました。）

참이슬 세 병 주세요.

（チャミスルを3本ください。）

치즈 떡볶이 이 인분 부탁합니다.

（チーズトッポッキ2人分お願いします。）

 ## 2つの数詞を併用する時刻の表し方

「0時0分」という時刻は、「時」を固有数詞、「分」を漢数詞で表します。つまり1〜12時を固有数詞、1〜60分を漢数詞で数えるわけです。なお、13時以降は漢数詞を用いることもあります。これは古くから使われていた時刻の単位に、近代になって伝わった単位を折衷した結果ともいわれています。

時刻：時 = 시 分 = 분

한 시	1時	두 시	2時	세 시	3時
네 시	4時	다섯 시	5時	여섯 시	6時
일곱 시	7時	여덟 시	8時	아홉 시	9時
열 시	10時	열한 시	11時	열두 시	12時
1時16分	한 시 십육 분	3時56分	세 시 오십육 분		
4時20分	네 시 이십 분	6時9分	여섯 시 구 분		
8時17分	여덟 시 십칠 분	9時32分	아홉 시 삼십이 분		

韓国人が1〜2歳若返る？

　もう１つ、忘れてはならないのが年齢です。

　文書やニュースなどでは**세（セ）**という助数詞をつけて漢数詞で数えますが、日常会話では助数詞の**살（サル）**とともに固有数詞を使います。

> 年齢：歳 ＝ **살**（サル）/ **세**（セ）
> _{サンミンッシヌン ヨラホプ　サリエヨ}
> **상민 씨는 열아홉 살이에요.**（サンミンさんは19歳です。）
> _{オムマヌン　マフニョドル　サリ　アニエヨ}
> **엄마는 마흔여덟 살이 아니에요.**（お母さんは48歳ではありません。）
> _{ピョンギュ ニョンリョンウン イシプ パルセ　イムニダ}
> **평균 연령은 이십팔세 입니다.**（平均年齢は28歳です。）

　韓国の年齢で気をつけなくてはならないのが、数え年です。

　数え年では、生まれた年に１歳、そして翌年になると２歳として年齢を数えます。したがって、日本などの満年齢より、数字上では１〜２歳年上になってしまいます。

　日常では数え年で年齢を表すのが一般的ですが、身分証や公的な文書などは日本と同じ満年齢になります。

　また、制度によって年が明けると同時に年齢を１歳増やす**연 나이（ヨンナイ）**も適用されていたため、韓国人は３通りの年齢があることになります。

　ただ、2023年６月に、これらをすべて満年齢で統一する法改正が施行されました。「韓国人がいっせいに１〜２歳若返る」というニュースは、欧米でも注目されていたようです。

韓国の縁起担ぎ・迷信

　日本では、縁起担ぎや忌み嫌う迷信などが多くあります。同様に、韓国にもさまざまな縁起担ぎや迷信があります。

　ここでは、おそらく日本人のみなさんはあまりピンとこないかもしれない、韓国の縁起担ぎや迷信を少しご紹介します。

　まずは、「豚の夢を見ると、縁起が良い」です。韓国では、豚は「お金の象徴」になります。韓国語で、豚は「돼지（デジ）」と言います。「돈（ドン）」という言い方もあり、こちらは、お金を意味する「돈（ドン）」と同じ言葉なのです。そのため、豚の夢を見ることは「縁起が良い、金運が良い」とされるので、宝くじを買う人が多いのです。韓国の貯金箱のほとんどは、豚の形をしています。日本でも、豚の貯金箱に馴染みがあると思いますが、これは韓国の縁起担ぎから由来していると言われています。日本の「一富士二鷹三茄子」と似たようなものですね。

　韓国の迷信としては、「赤いペンで名前を絶対に書いてはいけない」「カラスの鳴き声を聞くと不吉、カササギの鳴き声を聞くと嬉しいお客さんが訪れる」「数字の4の代わりに英語のfourの頭文字である〈F〉を表記する」「恋人に靴はプレゼントしない」などがあります。

　いかがでしょうか？

　日本人のみなさんからすると、意外なものが多いのではないかと思います。もし、ここで紹介した韓国の縁起担ぎや迷信について興味がわいたら、背景をぜひご自身で深掘りしてみてください。

図 2-22 第2章の文法まとめ①

名詞の基本文型

【現在形の肯定文】学生です。

학생입니다. ［ハムニダ体］

학생이에요. ［ヘヨ体］

【現在形の疑問文】学生ですか？

학생입니까? ［ハムニダ体］

학생이에요? ［ヘヨ体］

【現在形の否定文】学生ではありません。

학생이 아닙니다. ［ハムニダ体］

학생이 아니에요. ［ヘヨ体］

【現在形の否定の疑問文】学生ではありませんか？

학생이 아닙니까? ［ハムニダ体］

학생이 아니에요? ［ヘヨ体］

【過去形の肯定文】学生でした。

학생이었습니다. ［ハムニダ体］

학생이었어요. ［ヘヨ体］

【「あります」を使った表現】約束があります。

약속이 있습니다. ［ハムニダ体］

약속이 있어요. ［ヘヨ体］

【「あります」の否定文】勇気がありません。

용기가 없습니다. ［ハムニダ体］

용기가 없어요. ［ヘヨ体］

第1章
ハングル文字と発音

第2章
文の基本構造

第3章
疑問形・依頼

第4章
韓国語特有の文法

図 2-23 第2章の文法まとめ②

動詞の基本文型

【現在形の肯定文】行きます。

갑니다.　［ハムニダ体］

가요.　　［ヘヨ体］

【現在形の疑問文】行きますか？

갑니까?　［ハムニダ体］

가요?　　［ヘヨ体］

【現在形の否定文】行きません。

가지 않습니다. / 안 갑니다.　［ハムニダ体］

가지 않아요. / 안 가요.　　　［ヘヨ体］

【過去形の肯定文】行きました。

갔습니다.　［ハムニダ体］

갔어요.　　［ヘヨ体］

【過去形の否定文】行きませんでした。

가지 않았습니다. / 안 갔습니다.　［ハムニダ体］

가지 않았어요. / 안 갔어요.　　　［ヘヨ体］

疑問詞

【何＝무엇】そこに何がありますか？

거기에 무엇이 있습니까?　［ハムニダ体］

거기에 무엇이 있어요?　　［ヘヨ体］

【誰＝누구】事務所に誰がいますか？

사무실에 누가 있습니까?　［ハムニダ体］

사무실에 누가 있어요?　　［ヘヨ体］

【どこ＝어디】トイレはどこにありますか？

화장실이 어디에 있습니까?［ハムニダ体］

화장실이 어디에 있어요?　　［ヘヨ体］

第3章

疑問形・依頼

日本語との違いを
ひとつひとつ整理しながら理解する

コミュニケーションに必要な文法を学ぶ

第3章では、**疑問形や依頼といった、相手とコミュニケーションをとるときに必要な文法**を中心に解説します。具体的には、**理由の説明や勧誘、希望、許可、仮定、お願い、義務、可能などの表現**です。また、日本語の「タメ口」にあたる**반말**（パンマル）も取り上げます。

2章と同様、3章で取り上げる文法も、日本語の感覚のままで対応できるものがほとんどです。例えば、日本語で「〜してください」を「〜していただけますか？」のように言い換えると、よりていねいさが増しますが、韓国語でも、ていねいさの度合いによって表現を変えることがあります。

他にも、英語の場合、after, beforeなどの**前置詞**は名詞などの前に置きますが、韓国語は、日本語と同様、後ろに置きます。

ただ、**3章からは、日本語の感覚では対応できない文法もいくつか登場します。**例えば、「〜する」に対して「〜している」という表現である**現在進行**です。現在進行の表現の多くは、日本語の感覚と同じですが、「〜していた」という過去の進行の表現は、過去形で同じニュアンスを伝えることができます。また、「昨日からソウルに来ています。」など、「動作が終わり、その結果が継続している」という日本語の感覚にはない、韓国語特有の現在進行の表現もあります。**尊敬語**についても、韓国では、日本以上に日常生活でよく使われている頻出の表現だと言ってもよいかもしれません。

こういった日本語と韓国語の違いも、焦らずにひとつひとつ理解すれば、それほど怖れる必要はありません。では、さっそく本編に入りましょう！

図 3-0 第3章の見取り図

第1章 ハングル文字と発音

第2章 文の基本構造

第3章 疑問形・依頼

第4章 韓国語特有の文法

19	理由「〜ので」
20	勧誘「〜しましょう」
21	希望「〜したいです」
22	許可「〜してもいいですか?」
23	仮定「〜したら」
24	お願い「〜してください」
25	義務「〜しなくてはいけません」
26	可能「〜することができます」
27	現在進行「〜しています」
28	前置詞
29	タメ口
30	敬語（尊敬語）

「理由」を説明する文、尋ねる文をつくる

動詞・形容詞について理由を示す表現

　ここからは、相手とコミュニケーションを取るうえで欠かせない、疑問・依頼を中心にした表現について解説します。

　最初は、理由を説明するときに用いる表現です。

　日本語の「〜だから」「〜して」「〜ので」「〜するため」などにあたる語尾を2つ紹介します。

　次ページの図3-1を見てください。いずれも動詞・形容詞に接続し、理由を説明する表現をつくります。

　過去形と同様、**아（ア）と 어（オ）を区別してヘヨ体の最後の요（ヨ）を取って서をつけるだけ**です。

　次に、図3-2を見てください。（으）니까（ウニッカ）は初めて登場する活用ですが、しくみは難しくありません。

　動詞・形容詞のハムニダ体（P67）と同様、語幹の最後にパッチムがなければ니까（ニッカ）、パッチムがあれば으니까（ウニッカ）が接続します。

　（으）니까は∟で始まる語尾なので、ハムニダ体などの場合と同じく、語幹の最後にパッチム∟がある動詞・形容詞＝ㄹをつけます。語幹用言はパッチムㄹが脱落します。

（아／ 어）서の使い方

　（아／ 어）서と（으）니까の2つには、微妙なニュアンスの違い、状況に応じた使い分けがあります。ただし、初心者の段階では、そこまで考える必要はありません。

図 3-1 理由を説明する文のつくり方

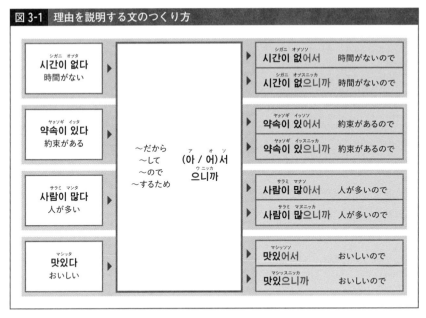

図 3-2 理由を説明する文のつくり方②

> （아／어）서 ～だから ／ ～して ／ ～ので ／ ～するため
> 시간이 없어서 돌아왔어요.（時間がなくて帰りました。）
> 약속이 있어서 먼저 갑니다.（約束があるので先に行きます。）
> 사람이 많아서 놀랐습니다.（人が多くて驚きました。）
> 맛있어서 또 시켰어요.（おいしいのでもっと注文しました。）

会話では、（아／어）に**가지고**（ガジゴ）をつけた形も一般的です。

가지고があってもなくても意味は変わりませんが、話し言葉のリズムを整えるためによく用いられます。

ただし、書き言葉では使わないので注意しましょう。

また、下の例文の通り、**가지고**は（아／어）서だけでなく、ヘヨ体の다（ダ）を取った形につけることもよくあります。

> １．時間がないので
> 시간이 **없어서** ／ 시간이 **없어 가지고**
>
> ２．約束があるので
> 약속이 **있어서** ／ 약속이 **있어 가지고**
>
> ３．人が多いので
> 사람이 **많아서** ／ 사람이 **많아 가지고**
>
> ４．おいしいので
> **맛있어서** ／ **맛있어 가지고**

 ## （으）니까の使い方

続いて、（으）니까（（ウ）ニッカ）の用例も見てみましょう。（으）니까は、お願い、勧誘、約束、アドバイスなど、おもに相手の行動を促す表現とセットで使う場合が多いです。

（<ruby>으<rt>ウ</rt></ruby>）<ruby>니까<rt>ニッカ</rt></ruby> 〜だから ／ 〜して ／ 〜ので ／ 〜するため

<ruby>시간이<rt>シガニ</rt></ruby> <ruby>없으니까<rt>オプスニッカ</rt></ruby> <ruby>택시를<rt>テクシルル</rt></ruby> <ruby>타세요<rt>タセヨ</rt></ruby>. （時間がないのでタクシーに乗ってください。）

<ruby>약속이<rt>ヤクソギ</rt></ruby> <ruby>있으니까<rt>イッスニッカ</rt></ruby> <ruby>내일<rt>ネイル</rt></ruby> <ruby>만나요<rt>マンナヨ</rt></ruby>. （約束があるので明日会いましょう。）

<ruby>오늘은<rt>オヌルン</rt></ruby> <ruby>추우니까<rt>チュウニッカ</rt></ruby> <ruby>감기<rt>ガンギ</rt></ruby> <ruby>조심하세요<rt>ジョシマセヨ</rt></ruby>. （今日は寒いので風邪に気をつけてください。）

<ruby>맛있으니까<rt>マシッスニッカ</rt></ruby> <ruby>많이<rt>マニ</rt></ruby> <ruby>먹어요<rt>モゴヨ</rt></ruby>. （おいしいからたくさん食べてください。）

話を切り出す「だから」「それで」

　韓国語も、日本語と同じように「だから」「それで」といった言葉で話を切り出すことがよくあります。こうした表現にあたるのが、그래서（グレソ）と그러니까（グロニッカ）。그래서は、会話では가지고がついた그래가지고（グレ ガジゴ）という形がよく使われています。

<ruby>그래서<rt>グレソ</rt></ruby> ／ <ruby>그러니까<rt>グロニッカ</rt></ruby> ／ <ruby>그래<rt>グレ</rt></ruby> <ruby>가지고<rt>ガジゴ</rt></ruby> だから ／ それで

<ruby>그래서<rt>グレソ</rt></ruby> <ruby>저는<rt>ジョヌン</rt></ruby> <ruby>좋아했어요<rt>ジョアヘッソヨ</rt></ruby>. （それで私は好きだったんです。）

<ruby>그러니까<rt>グロニッカ</rt></ruby> <ruby>수학이<rt>スハギ</rt></ruby> <ruby>필요합니다<rt>ピリョハムニダ</rt></ruby>. （だから数学が必要なのです。）

「なぜ」の疑問詞왜

　日本語の「なぜ」「なんで」「どうして」にあたる韓国語の疑問詞は、왜（ウェ）です。日本語と同様、疑問文にした動詞・形容詞の前に왜を置くだけで、理由を尋ねる文になります。

<ruby>왜<rt>ウェ</rt></ruby> なぜ ／ なんで ／ どうして

<ruby>왜<rt>ウェ</rt></ruby> <ruby>시간이<rt>シガニ</rt></ruby> <ruby>없어요<rt>オプソヨ</rt></ruby>？ （なぜ時間がないのですか？）

<ruby>왜<rt>ウェ</rt></ruby> <ruby>사람이<rt>サラミ</rt></ruby> <ruby>많아요<rt>マナヨ</rt></ruby>？ （なぜ人が多いのですか？）

「〜しましょう」という誘う文のつくり方

 行動を促す呼びかけとやわらかい問いかけ

　勧誘や相手の意向を尋ねる表現をいくつか見てみましょう。

　右の図3-3を見てください。

　いずれもP104の（으 ウ）니까（ニッカ）と同じく、語幹の最後にパッチムがあれば으をともなった語尾が接続します。

　また、3つともパッチムㅂ、パッチムㄹで始まる語尾に該当するので、語幹の最後にパッチムㄹがあれば脱落します。

　まず、1つめの（으 ウ）ㅂ시다（プシダ）は、**勧誘の表現**です。「会いましょう」「食べましょう」のように、相手に動作を促します。

　対して、2つめの（으 ウ）ㄹ까요？（ルッカヨ）は、「〜しましょうか？」に相当する**控えめな問いかけの表現**になります。

　（으）ㅂ시다が、単刀直入に行動を呼びかけるのに対して、「（一緒に）〜しませんか？」という意味を含んだ（으）ㄹ까요？は、**遠回しな誘いかけの表現**にもなります。英語でいえば、（으）ㅂ시다がLet'sで（으）ㄹ까요？がShall weと理解してもいいでしょう。

　最後の（으 ウ）ㄹ래요？（ルレヨ）は、**相手がどうしたいかという意向を尋ねる表現**です。

　日本語に訳すと、「〜しますか？」になりますが、韓国語の場合は、「どうしたいですか？」「どうするつもりですか？」というニュアンスを含む表現になります。

マンナダ
만나다
会う

マンナプシダ
만납시다　会いましょう

マンナルッカヨ
만날까요?　会いましょうか？

マンナルレヨ
만날래요?　会いますか？

モクタ
먹다
食べる

モグプシダ
먹읍시다　食べましょう

モグルッカヨ
먹을까요?　食べましょうか？

モグルレヨ
먹을래요?　食べますか？

ウ　プシダ
(으)ㅂ시다
～しましょう

ウ　ルッカヨ
(으)ㄹ까요?
～しましょうか？

ウ　ルレヨ
(으)ㄹ래요?
～しますか？

ゴンブハダ
공부하다
勉強する

ゴンブハプシダ
공부합시다　勉強しましょう

ゴンブハルッカヨ
공부할까요?　勉強しましょうか？

ゴンブハルレヨ
공부할래요?　勉強しますか？

マンドゥルダ
만들다
つくる

マンドゥプシダ
만듭시다　つくりましょう

マンドゥルッカヨ
만들까요?　つくりましょうか？

マンドゥルレヨ
만들래요?　つくりますか？

（으）ㅂ시다 ／（으）ㄹ까요? ／（으）ㄹ래요?の用例

それでは、3つの使い方を見てみましょう。

日本語の「一緒に」にあたる副詞の**같이**（ガチ）もよく一緒に用いられます。

（으）ㅂ시다 しましょう
내일 또 만납시다.（明日また**会いましょう**。）
저녁을 같이 먹읍시다.（夜ごはんを一緒に食べましょう。）
기후 변화에 대해 공부합시다.（気候変動について勉強しましょう。）
새로운 세상을 만듭시다.（新しい社会をつくりましょう。）

（으）ㄹ까요 しましょうか?
금요일에 만날까요?（金曜日に会いましょうか?）
여기서 점심을 먹을까요?（ここでお昼ごはんを食べましょうか?）
도서관에서 공부할까요?（図書館で勉強しましょうか?）
계정을 만들까요?（アカウントをつくりましょうか?）

※ㄹ語幹にㄹ까요 ／ ㄹ래요が接続する場合、いったん語幹の最後のパッチムㄹが脱落したうえで語尾がつく。

（으）ㄹ래요 しますか?
내 친구를 만날래요?（私の友だちに会いますか?）
초콜릿 먹을래요?（チョコレートを食べますか?）
카페에서 같이 공부할래요?（カフェで一緒に勉強しますか?）
어떻게 만들래요?（どうやってつくりますか?）

※（으）ㄹ래요は平叙文で意思を表す表現にも用いられる。

「～をしに（行く ／ 来る）」を組み合わせる

また、以上の表現は「～をしに（行く ／ 来る）」のように目的となる動

作をともなって使われることも一般的です。

「〜をしに（行く ／ 来る）」は、動詞に（으ウ）러（ロ）という語尾をつけます。**語幹の最後にパッチムがなければ러、パッチムがあれば으러（ウロ）が接続します。**（으）러の己はパッチムではないので、パッチム己の脱落は起こりません。

　ただし、으はともなわず、語幹が母音で終わる場合と同様に러が接続します。

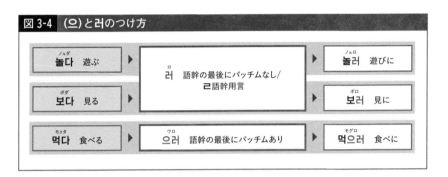

図 3-4　（으）と러のつけ方

놀다 遊ぶ	▶	러 語幹の最後にパッチムなし/己語幹用言	▶	놀러 遊びに
보다 見る	▶		▶	보러 見に
먹다 食べる	▶	으러 語幹の最後にパッチムあり	▶	먹으러 食べに

（으）러 しに（行く・来る）
밥 먹으러 갑시다. （ごはんを食べに行きましょう。）［가다／行く］
고양이 보러 올래요? （ネコを見に来ますか？）［오다／来る］
주말에 놀러 갈까요? （来週遊びに行きましょうか？）［가다／行く］

자を使った勧誘の表現

　勧誘の意味を表す語尾として、자（ジャ）もあります。

　これは親しい友人、また、後輩や子供など目下にあたる人に使う表現です。日本語で言うところの、常体、または友だち口調、いわゆる「**タメ口**」にあたります。

　「タメ口」は、韓国語で**반말**（パンマル）です。これまで見てきたほかの表現も、最後の요（ヨ）を取って（으ウ）ㄹ까（ルッカ）？や、（으）ㄹ래

（ルレ）？のようにすれば、**반말**になります。

반말は、目上の人はもちろん、同年輩でも本当に気心の知れた友人以外には使えません。

ただ、映画やドラマのセリフ、歌詞、SNSの投稿などではよく見聞きする表現でもあるので、少しずつ慣れていきましょう。

자 しよう

내일 학교에서 만나자.（明日学校で会おう。）
ネイル　ハクキョエソ　マンナジャ

엄마랑 먹자.（お母さんと食べようね。）
オムマラン　モクジャ

오늘도 열심히 공부하자!（今日も一所懸命勉強しよう！）
オヌルド　ヨルシミ　ゴンブハジャ

같이 눈사람 만들자.（一緒に雪だるまをつくろうよ。）
ガチ　ヌンサラム　マンドゥルジャ

（으）ㄹ까？ ／ **（으）ㄹ래？** するだろうか？／する？
ウ　ルッカ　　　　ウ　ルレ

알고 있을까?（知っているだろうか？）（**알고 있다**＝知っている）
アルゴ　イッスルッカ　　　　　　　　　　　　　　アルゴ　イッタ

어디 살래?（どこに住むの？）（**살다**＝住む）
オディ　サルレ　　　　　　　　　　　　サルダ

韓国の春夏秋冬

　日本と同様、韓国にも四季があります。ここでは、韓国の春夏秋冬について、簡単に紹介したいと思います。

＜春＞

　日本と同様、1日の間で寒暖差があります（秋も同様です）。韓国にも桜があり、花見の習慣があります。ただ、日本のように桜の下で会社の同僚や友人とお酒を飲みながら宴会をすることはあまり一般的ではありません。どちらかと言うと、ピクニックのような感覚です。

＜夏＞

　蒸し暑い気候で、梅雨もあります。台風の影響をよく受けるのも日本と同じ。夏期休暇の旅行先としては、国内のビーチが人気です。仁川国際空港の近くにちょっとしたビーチがあります。韓国東部には、きれいなビーチが広がっており、中でも釜山のビーチは特に人気です。車で海外に行くことは物理的には可能なはずですが、北側に北朝鮮があるため、現実には不可能です。

＜秋＞

　日本と同様に紅葉があります。韓国でも紅葉を見に行くことがあります。

＜冬＞

　首都のソウル市の緯度は、福島市と同じくらいですが、札幌市よりソウルのほうが寒いと言う人も多いです。私はソウル出身ですが、寒い年でマイナス18℃を経験したことがあります。昼夜を問わず、マイナスの気温が何日間も続くことがよくありますが、どの家もオンドルという床暖房があり、室内では半袖で暮らせます。ソウルも雪は降りますが、積もってもせいぜい足首くらいまでです。

「～したいです」という「希望」の伝え方

「～したいです」と伝える表現

「～したいです」という「希望」の文のつくり方を見ていきましょう。

　旅行で必須の表現であると同時に、映画やドラマのセリフ、歌詞などでも頻出の基本フレーズです。

　つくり方は、P80で見た「くっつけ語」と同じように、**動詞の語幹に고싶어요（ゴ シポヨ）をつける**だけです。ㄱで始まる語尾なので、パッチムㄹの脱落も起こりません。

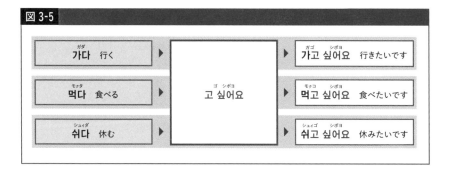

図 3-5

ガダ **가다** 行く	▶		▶	ガゴ シポヨ **가고 싶어요** 行きたいです
モクタ **먹다** 食べる	▶	ゴ シポヨ **고 싶어요**	▶	モッコ シポヨ **먹고 싶어요** 食べたいです
シュィダ **쉬다** 休む	▶		▶	シュィゴ シポヨ **쉬고 싶어요** 休みたいです

ゴ シポヨ
고 싶어요 したいです

ハングゲ ガダ　　　　 ハングゲ ガゴ シポヨ
한국에 가다. ➡ 한국에 가고 싶어요. （韓国に行きたいです。）

ビビムバブル モクタ　　　　 ビビムバブル モッコ シポヨ
비빔밥을 먹다. ➡ 비빔밥을 먹고 싶어요. （ビビンバを食べたいです。）

ジベソ シュィダ　　　　 ジベソ シュィゴ シポヨ
집에서 쉬다. ➡ 집에서 쉬고 싶어요. （家で休みたいです。）

助詞の使い分けに注意!

　この表現を使うときは、助詞に注意が必要です。日本語では「ピザ（피자 ピジャ）が食べたいです」「映画（영화 ヨンファ）が見たいです」のように「が」を添えますが、韓国語では**「が」＝가（カ）／이（イ）ではなく、「を」＝를（ルル）／을（ウル）を使うのが決まり**です。

× 피자^{ピジャ}가^ガ 먹고^{モッコ} 싶어요^{シポヨ}.○ 피자를^{ピジャルル} 먹고^{モッコ} 싶어요^{シポヨ}.（ピザが食べたいです。）

× 영화^{ヨンファ}가^ガ 보고^{ボゴ} 싶어요^{シポヨ}.○ 영화를^{ヨンファルル} 보고^{ボゴ} 싶어요^{シポヨ}.（映画が見たいです。）

 2通りの「会いたい」

　「会いたいです」は、動詞の만나다（マンナダ／会う）を使って만나고 싶어요（マンナゴ シポヨ）です。ただ、相手に対する愛情の深さをより強調する場合は動詞に보다（ボダ）を使います。보고 싶어요（ボゴ シポヨ／会いたいです）は、를／을の代わりに가／이を使うこともできます。

　보다は、「見る」という意味でよく使われる基本的な動詞の1つです。しかし、次のように文脈によって異なる意味になる場合があります。

만나다^{マンナダ} 会う

담당자분을^{ダムダンジャブヌル} 만나고^{マンナゴ} 싶어요^{シポヨ}.（担当者に会いたいです。）

빨리^{ッパルリ} 팬들을^{ペンドゥルル} 만나고^{マンナゴ} 싶어요^{シポヨ}.（早くファンと会いたいです。）

보다^{ボダ} 会う ／ 見る

여친을^{ヨチヌル} 보고^{ボゴ} 싶어요^{シポヨ}.（ガールフレンドに会いたいです。）

아빠가^{アッパガ} 너무^{ノム} 보고^{ボゴ} 싶어요^{シポヨ}.（お父さんにとても会いたいです。）

「〜してもいいですか？」という「許可」の伝え方

許可を表す表現

「〜してもいいです（か？）」「〜しても大丈夫です（か？）」という**許可を表す表現**をつくってみましょう。これは過去形（P82）のつくり方で見たのと同様に、ヘヨ体（P70）と同じ活用をします。

図3-6　許可の文のつくり方

「〜してもいいです（か？）」は、まず語幹の最後の母音を、「ㅏ／ㅗ」と「ㅏ／ㅗ以外」の２種類に分けます。次に、語幹の最後の母音が「ㅏ／ㅗ」なら語幹に아도 돼요（?）（アド ドェヨ）、「ㅏ／ㅗ以外」なら어도 돼요（?）（オド ドェヨ）をつけます。

「〜しても大丈夫です（か？）」は、同じく語幹の最後の母音が「ト／ㅗ」なら語幹に아도 괜찮아요（?）（アド グェンチャナヨ）、「ト／ㅗ以外」なら어도 괜찮아요（?）（オド グェンチャナヨ）をつけます。

아／어도 돼요（?）、**아／어도 괜찮아요（?）**は、2つとも意味は同じ。どちらもよく使う表現です。具体例を見てみましょう。

> ア　　オド　ドェヨ
> **아 ／ 어도 돼요（?）** してもいいです（か？）
> ガチ　ノルロ　ガド　ドェヨ
> A: **같이 놀러 가도 돼요?**（一緒に遊びに行ってもいいですか？）
> ネ　カチ　ノルロ　ガド　ドェヨ
> B: **네, 같이 놀러 가도 돼요.**（はい、一緒に遊びに行ってもいいです。）
> ア　　オド　グェンチャナヨ
> **아 ／어도 괜찮아요（?）** しても大丈夫です（か？）
> バダエ　　ガド　グェンチャナヨ
> A: **바다에 가도 괜찮아요?**（海に行っても大丈夫ですか？）
> ネ　バダエ　　ガド　グェンチャナヨ
> B: **네, 바다에 가도 괜찮아요.**（はい、海に行っても大丈夫です。）

P58で見た通り、ヘヨ体の疑問文は語尾を上げて発音する（文字で表す場合は、末尾に？をつける）だけ。したがって、上の例文のように、**同じ文に「？」をつけて語尾を上げると「質問」、下げると「返答」になる**わけです。

韓国語の活用は3種類

これまでに見てきた活用の種類を整理しておきます。

韓国語の動詞・形容詞の活用は、以下の3パターンに分類できます。

①の活用は、語幹に語尾が直接つく形。否定文をつくる지 않다（ジ アンタ）（P76）、3つの「くっつけ語」（P80）、また「〜したいです」＝고 싶어요（ゴ シポヨ）などがそれにあたります。

②の活用は、語幹の最後にパッチムがあれば으をともなった語尾が接続する形。理由を示す（으 ウ）니까（ニッカ）（P104）、勧誘する（으 ウ）ㅂ시다（P108）、また「〜しに（行く・来る）」の（으 ウ）러（ロ）（P111）などがそれにあたります。

③の活用は、語幹に**아（ア）／어（オ）**がつく形。ヘヨ体（P70）、過去形（P82）、理由を示す（**아／어**）**서（ソ）**（P104）、また許可を表す表現（P116）などがそれにあたります。

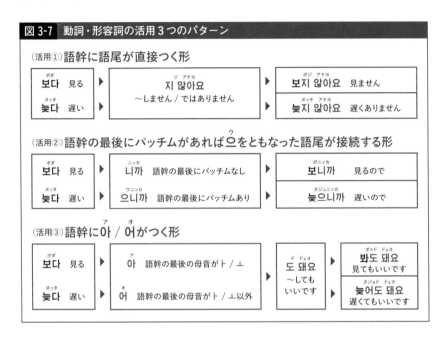

図 3-7　動詞・形容詞の活用３つのパターン

（活用①）語幹に語尾が直接つく形

| ボダ　　見る
ヌッタ　遅い | ジ アナヨ
지 않아요
～しません／ではありません | ポジ アナヨ
보지 않아요　見ません
ヌッチ アナヨ
늦지 않아요　遅くありません |

（活用②）語幹の最後にパッチムがあれば**으**をともなった語尾が接続する形

| ボダ　　見る
ヌッタ　遅い | ニッカ
니까　語幹の最後にパッチムなし
ウニッカ
으니까　語幹の最後にパッチムあり | ポニッカ
보니까　見るので
ヌジュニッカ
늦으니까　遅いので |

（活用③）語幹に**아／어**がつく形

| ボダ　　見る
ヌッタ　遅い | ア
아　語幹の最後の母音が ト／ ⊥
オ
어　語幹の最後の母音が ト／ ⊥以外 | ド ドェヨ
도 돼요
～しても
いいです | ポァド ドェヨ
봐도 돼요
見てもいいです
ヌジョド ドェヨ
늦어도 돼요
遅くてもいいです |

日本語の場合も、じつは活用によって動詞を３通りに分けられます。

本書を読んでいる人は一度も意識したことはないかもしれませんが、私のような日本語学習者はこうした活用のルールを手がかりにして、日本語をマスターしてきました。上に挙げた活用①、活用②、活用③という韓国語の活用も、みなさんのこれからの学習に大いに役立ってくれるはずです。

イレギュラーな動詞・形容詞に注意！

最後に注意しておきたいのは、３つの活用にあてはまらない動詞・形容詞のグループがあることです。例えば、さまざまな動詞・形容詞をつくる**하다**（ハダ、する）は、活用③で**하요**（ハヨ）とはならず、**해요**（ヘヨ）というイレギュラーな形になります。

하다用言〔ハダ〕

①하지 않아요〔ハジ アナヨ〕 しません ②하니까〔ハニッカ〕 するから ←規則的

③해요〔ヘヨ〕 します ←不規則

そのほか例外的な活用をする動詞・形容詞の代表例を紹介します。ステップアップに応じて、少しずつ慣れていきましょう。

ㅂ変則用言〔ビウㇷ゚〕：例 덥다〔ドㇷ゚ダ〕 ＝「暑い」活用②と活用③で変則活用する

※語幹の最後のパッチムㅂが우に変化。語幹がパッチムㅂで終わる形容詞の多くが該当する。

①덥지 않아요〔ドㇷ゚チ アナヨ〕 暑くありません←規則的

②더우니까〔ドウニッカ〕 暑いので ③더워요〔ドウォヨ〕 暑いです ←不規則

ㄷ変則用言〔ディグッ〕：例 묻다〔ムッタ〕 ＝「尋ねる」活用②と活用③で変則活用する

※語幹の最後のパッチムㄷが ㄹに変化。語幹がパッチムㄷで終わる動詞の多くが該当する。

①묻지 않아요〔ムッチ アナヨ〕 尋ねません ←規則的

②물으니까〔ムルニッカ〕 尋ねるので ③물어요〔ムロヨ〕 尋ねます ←不規則

으変則用言〔ウ〕：例 예쁘다〔イェッブダ〕 ＝「きれいだ」活用③で変則活用する

※語幹の最後の母音ㅡが脱落。語幹が母音ㅡで終わる動詞・形容詞の多くが該当する。

①예쁘지 않아요〔イェップジ アナヨ〕 きれいではありません ←規則的

②예쁘니까〔イェップニッカ〕 きれいなので ←規則的

③예뻐요〔イェッポヨ〕 きれいです ←不規則

르変則用言〔ル〕：例 빠르다〔ッパルダ〕 ＝「速い」活用③で変則活用する

※語幹の最後の르が ㄹ라 ／ ㄹ러に変化。語幹が르で終わる動詞・形容詞の多くが該当する。

①빠르지 않아요〔ッパルジ アナヨ〕 速くありません ←規則的

②빠르니까〔ッパルニッカ〕 速いので ←規則的 ③빨라요〔ッパルラヨ〕 速いです ←不規則

「〜したら」という 「仮定」の文のつくり方

「たられば」の表現

　前項で整理した動詞・形容詞の活用に基づいて、さまざまな表現を見ていきましょう。

　最初は、「たられば」にあたる**仮定**の文のつくり方です。仮定の文は動詞・形容詞の語幹に（으 ウ）면（ミョン）をつけます。語幹にパッチムがない、要は母音で終わっていたら면、語幹の最後にパッチムがあれば으면（ウミョン）をつけます。つまり、活用②の語尾です。

活用② （으）면 たら ／ れば

가다 = 行く
（ガダ）

➡ ［語幹 パッチムなし］가 + 면 ➡ 가면 行けば
　　　　　　　　　　（ガ）　（ミョン）　（ガミョン）

例：한국에 가면 韓国に行けば
　　（ハングゲ）（ガミョン）

있다 = ある・いる
（イッタ）

➡ ［語幹 パッチムあり］있 + 으면 ➡ 있으면 あれば
　　　　　　　　　　（イッ）（ウミョン）（イッスミョン）

例：시간이 있으면 時間があれば
　　（シガニ）（イッスミョン）

　　돈이 있으면 お金があれば
　　（ドニ）（イッスミョン）

「〜したら〜したいです」

　（으）면とセットでよく使われる表現の1つに、「〜したいです」という意味の고 싶어요（ゴ シポヨ）があります。

　P114で見たように、고 싶어요はパッチムの有無などに関係なく、動詞

の語幹にそのまま接続します。つまり活用①の語尾です。

活用① 고 싶어요 したいです

먹다 ＝ 食べる
（モクタ）

➡ 먹 ＋ 고 싶어요 ➡ 먹고 싶어요 食べたいです
（モク）（コ）（シポヨ）（モッコ）（シポヨ）

例：한국에 가면 찌개를 먹고 싶어요.
（ハングゲ）（ガミョン）（ッチゲルル）（モッコ）（シポヨ）

（韓国に行ったら、チゲを食べたいです。）

가다 ＝ 行く
（ガダ）

➡ 가 ＋ 고 싶어요 ➡ 가고 싶어요 行きたいです
（ガ）（ゴ）（シポヨ）（ガゴ）（シポヨ）

例：시간이 있으면 같이 가고 싶어요.
（シガニ）（イッスミョン）（ガチ）（ガゴ）（シポヨ）

（時間があれば、一緒に行きたいです。）

하다 ＝ する
（ハダ）

➡ 하 ＋ 고 싶어요 ➡ 하고 싶어요 したいです
（ハ）（ゴ）（シポヨ）（ハゴ）（シポヨ）

例：돈이 있으면 여행을 하고 싶어요.
（ドニ）（イッスミョン）（ヨヘンウル）（ハゴ）（シポヨ）

（お金があれば、旅行したいです。）

また（으 ウ）면（ミョン）を使った表現として、「何をしたいですか？」という뭐 하고 싶어요？（ムォ ハゴ シポヨ）をつなげれば、以下のような質問の文をつくることができます。

例：한국에 가면 뭐 하고 싶어요？
（ハングゲ）（ガミョン）（ムォ）（ハゴ）（シポヨ）

（韓国に行ったら、何をしたいですか？）

例：시간이 있으면 뭐 하고 싶어요？
（シガニ）（イッスミョン）（ムォ）（ハゴ）（シポヨ）

（時間があれば、何をしたいですか？）

例：돈이 있으면 뭐 하고 싶어요？
（ドニ）（イッスミョン）（ムォ）（ハゴ）（シポヨ）

（お金があれば、何をしたいですか？）

「〜してもいいです」「〜してはいけません」

P116で見た「〜してもいいです（か？）」という意味の아（ア）／ 어（オ）도（ド）돼요（ドェヨ）（?）を思い出してください。

「いいです」にあたる돼요を組み合わせると、以下のような「〜すればいいです」という表現をつくることができます。

돼요はヘヨ体なので、同じ文が「〜すればいいですか？」という確認の表現にもなります。

（으）면 돼요（?）すればいいです（か？）

ハングゲ　ガミョン　ドェヨ
한국에 가면 돼요.（韓国に行けばいいです。）

ネイル　ヨギ　オミョン　ドェヨ
내일 여기 오면 돼요.

（明日、ここに来ればいいです。）（오다 ＝ 来る）

ハナマン　イッスミョン　ドェヨ
하나만 있으면 돼요.（1つだけあればいいです。）

ミョッ シエ　オミョン　ドェヨ
몇 시에 오면 돼요?（何時に来ればいいですか？）

さらに、돼요を안（アン）を使った否定の形にすると、次のように「〜してはいけません（か？）」という**禁止の表現**をつくることができます。

（으）면 안 돼요（?）してはいけません（か？）

ホンジャ ガミョン アン ドェヨ
혼자 가면 안 돼요.（1人で行ってはいけません。）

ネガ　ガミョン アン ドェヨ
내가 가면 안 돼요?（私が行ってはいけませんか？）

シルスガ　イッスミョン アン ドェヨ
실수가 있으면 안 돼요.（失敗があってはいけません。）

ヨギ　イッスミョン アン ドェヨ
여기 있으면 안 돼요?（ここにいてはいけませんか？）

ジベ　オミョン アン ドェヨ
집에 오면 안 돼요.（家に来てはいけません。）

ット オミョン アン ドェヨ
또 오면 안 돼요?（また来てはいけませんか？）

ストレートな禁止の表現

「〜してはいけない」という表現としては、하지 마（ハジ マ）という言い方もポピュラーです。ドラマや映画、歌詞などで、見聞きしたことのある人も多いかもしれません。

　하지 마の基本形は、「する」という意味の動詞である하다（ハダ）の語幹に、지 말다（ジ マルダ）がついた形です。そのヘヨ体である하지 말아요（ハジ マラヨ）は、「しないでください」「するのをやめてください」という意味で使えます。말다は、例外的に活用③でパッチムㄹを省略できるため、하지 마요（ハジ マヨ）という言い方でも意味に違いはありません。

　하지 마は、この하지 마요の요（ヨ）取った形、つまり반말（パンマル）です。日本語の常体または友だち口調にあたる、いわゆる「タメ口」です。「するな」「やめて」というストレートな禁止や中断の命令なので、子供、親しい友人や家族以外には使わないようにしましょう。

지 말아요 ／ 지 마요 ／ 지 마
しないでください ／ しないでください／するな
아무 말도 하지 말아요. （何も言わないでください。）
　 アム　 マルド　 ハジ　 マラヨ
떠나지 말아요. （行かないでください。）[떠나다 = 去る・発つ]
　 ットナジ　 マラヨ 　　　　　　　　　　　 ットナダ
포기하지 말아요. （諦めないでください。）[포기하다 = 諦める]
　 ポギハジ　 マラヨ 　　　　　　　　　　　 ポギハダ
잊지 마요. （忘れないでください。）[잊다 = 忘れる]
　 イッチ　 マヨ 　　　　　　　　　　 イッタ
아는 척하지 마. （知ったかぶりするな。）[아는 척하다 = 知ったかぶ
　 アヌン　 チョカジ　 マ 　　　　　　　　　　 アヌン　 チョカダ
りする]
웃기지 마. （笑わせないで。）[웃기다 = 笑わせる]
　 ウッキジ　 マ 　　　　　　　　 ウッキダ

「〜してください」という 「お願い」の伝え方

 「〜してください」の表現

ここでは相手に何らかの動作を求める、「〜してください」という「お願い」の表現を解説します。

活用③のルールにしたがい、まず語幹の最後の母音がトか⊥なら아（ア）、トと⊥以外なら어（オ）をつけます。

動詞を活用したところへ、ていねいな「ください」の意味の주세요（ジュセヨ）がつきます。

活用③ 아（ア） ／ 어（オ） 주세요（ジュセヨ） してください

사다（サダ）＝ 買う

➡ **사**（サ）［語幹の最後の母音がト ／ ⊥］＋ **아**（ア）➡ **사**（サ）＋ **주세요**（ジュセヨ）

➡ **사 주세요**（サ ジュセヨ） 買ってください

오다（オダ）＝ 来る

➡ **오**（オ）［語幹の最後の母音がト ／ ⊥］＋ **아**（ア）➡ **와**（ワ）＋ **주세요**（ジュセヨ）

➡ **와 주세요**（ワ ジュセヨ） 来てください

가르치다（ガルチダ）＝ 教える

➡ **가르치**（ガルチ）［語幹の最後の母音がト ／ ⊥以外］＋ **어**（オ）

➡ **가르쳐**（ガルチョ）＋ **주세요**（ジュセヨ）

➡ **가르쳐 주세요**（ガルチョ ジュセヨ） 教えてください

찍다（ッチクダ）＝ 撮る

➡ **찍**（ッチク）［語幹の最後の母音がト ／ ⊥以外］＋ **어**（オ）➡ **찍어**（ッチゴ）＋ **주세요**（ジュセヨ）

➡ **찍어 주세요**（ッチゴ ジュセヨ） 撮ってください

주세요は、動詞주다（ジュダ）＝「与える」を尊敬語（P142）にした形。また、ヘヨ体なので、命令（＝相手に動作を促す）の意味を持ちます。

ただし、日常的に使う決まり文句なので、尊敬語だからといって必ず相手への敬意が意識されているわけではありません。

よりていねいな「〜していただけますか」

日本語で「〜してください」を「〜していただけますか？」のように言い換えると、よりていねいさが増します。同様に、韓国語でも、ていねいさの違いを表すさまざまな表現があります。

まず韓国語で「〜していただけますか？」にあたるのは、주시겠어요（ジュシゲッソヨ）？ です。これは、주세요に겠（ゲッ）という語尾が加わった形で、動詞へのつき方は同じです。

겠は「〜するだろう」「〜しそうだ」のように推測・可能性・意思などを表しますが、**断定を避ける婉曲的な表現**にも用いられます。単刀直入に「〜してください」という주세요に対し、「〜でしょうか？」のように少し遠回しな言い方をすることで、ていねいさを高めるわけです。주시겠어요？ は、さらに주시겠습니까（ジュシゲッスムニッカ）？ と、ハムニダ体にもできます。

> ジュシゲッソヨ
> 주시겠어요？ 〜していただけますか？
> パティエ　ワ　ジュシゲッソヨ
> 파티에 와 주시겠어요？（パーティーに来ていただけますか？）
> ヨルラクチョルル　ガルチョ　ジュシゲッソヨ
> 연락처를 가르쳐 주시겠어요？（連絡先を教えていただけますか？）

「これください」「これいただけますか？」

주세요や주시겠어요も、名詞などにつけて「これください」「これいただけますか？」のように表現することができます。

주세요 / 주시겠어요? ～ください / ～くださいますか？

이거 **주세요.**（これください。）
메クチュ ハンジャン ジュセヨ
맥주 한잔 **주세요.**（ビールを１杯ください。）
포크 ハナ ジュシゲッソヨ
포크 하나 **주시겠어요?**（フォークを１ついただけますか？）
パンプルレスル ジュシゲッソヨ
팜플렛을 **주시겠어요?**（パンフレットをいただけますか？）

 ## ニュアンスを豊かにする「クッション言葉」

　誰かにお願いをするとき、日本語の「すみませんが」「申し訳ありません
が」と同じように、韓国語でも前置きからよく切り出します。
　じつは、韓国語も、日本語そのままの直訳で通じてしまいます。

죄송한데요 / 미안한데요 すみませんが・申し訳ありませんが
ジェソンハンデヨ ダシ アルリョ ジュセヨ
죄송한데요, 다시 **알려 주세요.**

（すみませんが、もう一度教えてください。）
ミアナンデヨ ジャムシマン ギダリョ ジュシゲッソヨ
미안한데요, 잠시만 **기다려 주시겠어요?**

（申し訳ありませんが、少しの間お待ちいただけますか？）
ジェソンハンデヨ モンジョ ガド ドェヨ
죄송한데요, 먼저 **가도 돼요?**

（すみませんが、先に行ってもいいですか？）

　いずれも、**죄송하다**（ジェソンハダ）／ **미안하다**（ミアナダ／すまな
い・申し訳ない）という形容詞に、前後の表現をつなげる**ㄴ데요**（ンデヨ）
というていねいな語尾がついた形です。
　このように、直接的な表現からワンクッション置くことで会話を円滑に
する言葉を「**クッション言葉**」と呼びます。
　韓国語の代表的なクッション言葉は、**좀**（ジョム）で、「**少し・ちょっ
と**」という意味です。
　日本語の「ちょっと来てください」「ちょっと貸してください」という表

現と非常に近いニュアンスでよく用いられます。

좀 ちょっと・少し

볼펜 좀 빌려 주세요.
ボルペンジョムビルリョ　ジュセヨ

（ボールペンをちょっと貸してください。）

（빌리다 ＝ 貸す）
ビルリダ

사진 좀 찍어 주시겠어요?
サジン ジョム ッチゴ　ジュシゲッソヨ

（写真をちょっと撮ってくださいますか？）

카탈로그 좀 보여 주세요.
カタルログ　ジョム ボヨ　ジュセヨ

（カタログをちょっと見せてください。）

飲食店で물（ムル／水）を頼むときは、물 주세요（ムル ジュセヨ）よりも、좀をはさんだ물 좀 주세요（ムル ジョム ジュセヨ）という表現のほうが一般的です。

日本では「水をちょっとください」という表現をあまり耳にしませんが、韓国では誰もが毎日のように口にする定番フレーズです。

さらに、「前置き」のクッション言葉を付け加えることもよくあります。

죄송한데요, 물 좀 주시겠어요?
ジェソンハンデヨ　ムルジョム　ジュシゲッソヨ

（すみませんが、水をちょっといただけますか？）

このように、頭に浮かんだ日本語の文から単語やフレーズを韓国語に置き換えるだけで意味が通じてしまうのです。

「～しなくてはいけません」
という「義務」を伝える

 「～しなくてはいけません」の表現

次に「～しなくてはいけません」という**義務**の表現をつくってみましょう。

活用③で動詞・形容詞の語幹に아（ア）または어（オ）をつけ、そこに
야 돼요（ヤ ドェヨ）または**야 해요**（ヤ ヘヨ）を続けます。

活用③ 아／어 야 돼요／해요 しなくてはいけません

가다〔ガダ〕 = 行く
➡ 가〔ガ〕［語幹の最後の母音が ト／ㅗ］＋ 아〔ア〕➡ 와〔ワ〕＋ 가 돼요〔ガ ドェヨ〕／ 해요〔ヘヨ〕
➡ 가야 돼요〔ガヤ ドェヨ〕／ 가야 해요〔ガヤ ヘヨ〕 行かなくてはいけません
例：학교에 **가야 돼요**〔ハクキョヘ ガヤ ドェヨ〕.（学校に行かなくてはいけません。）

사다〔サダ〕 = 買う
➡ 사〔サ〕［語幹の最後の母音が ト／ㅗ］＋ 아〔ア〕➡ 사〔サ〕＋ 야 돼요〔ヤ ドェヨ〕／ 해요〔ヘヨ〕
➡ 사야 돼요〔サヤ ドェヨ〕／ 사야 해요〔サヤ ヘヨ〕 買わなくてはいけません
例：선물을 **사야 돼요**〔ソンムルル サヤ ドェヨ〕.（プレゼントを買わなくてはいけません。）

먹다〔モクタ〕 = 食べる
➡ 먹〔モク〕［語幹の最後の母音が ト／ㅗ以外］＋ 어〔オ〕➡ 먹어〔モゴ〕＋ 야 돼요〔ヤ ドェヨ〕／ 해요〔ヘヨ〕
➡ 먹어야 돼요〔モゴヤ ドェヨ〕／ 먹어야 해요〔モゴヤ ヘヨ〕 食べなくてはいけません
例：약을 **먹어야 돼요**〔ヤグル モゴヤ ドェヨ〕.（薬を飲まなくてはいけません。）

돼요と해요のいずれを使っても、特に意味の違いはないと考えて問題ありません。ただし、돼요のほうが、よく用いられます。

日本語の直訳との違い

　日本語の「〜しなくてはいけません」という表現をよく見ると、否定が2回あります。この表現を韓国語に直訳すると以下になります。

ヤグル　モッチ　アヌミョン　アン　ドェヨ
약을 먹지 않으면 안 돼요.
（薬を飲まないとダメです。）

　この文でも相手に意味は通じますが、より短くて簡単な먹어야 돼요.（モゴヤ ドェヨ）のほうが、一般的です。

　では、아 ／ 어 야 돼요は、どういうしくみで義務を表しているのか見てみましょう。

　まず、야 돼요の야（ヤ）は、後ろに続く内容が成り立つ条件を先に示す語尾です。日本語で、「〜してこそ」「〜すれば」のように訳せます。

シホメ　ハブギョケヤ　デハゲ　ガルス　イッソヨ
시험에 합격해야 대학에 갈 수 있어요.
（テストに合格してこそ大学に入れます。）
ギョルグァガ　ナワヤ　アラヨ
결과가 나와야 알아요.
（結果が出ればわかります。）[나오다 ／出てくる]
ナオダ

　돼요の基本形되다（ドェダ）は、「（〜に）なる」にあたる動詞です。

　一方で、「望ましい」「申し分ない」「許容できる」などの意味を表すこともあります。つまり、韓国語の「〜しなくてはなりません」という意味の아 ／ 어 야 돼요は、「〜をしてこそ望ましい」という肯定の形で義務を表しているわけです。韓国語と日本語でよく似た表現を使いながらも、このような"微妙な違い"があるのです。

「〜することができます」という「可能」を伝える

「〜することができる ／ できない」

続いて、可能・不可能を表す表現を紹介します。

「〜することができます」は、語幹に（으 ウ）ㄹ 수 있어요（ル ス イッソヨ）を接続します。

으があることからわかるように、これは活用②になります。つまり、語幹の最後にパッチムがあれば、으をともなった語尾がつくということです。

活用② （으）ㄹ 수 있어요 することができます

타다（タダ）＝ 乗る

➡ [語幹 パッチムなし] 타（タ）＋ ㄹ 수 있어요（ル ス イッソヨ）➡ 탈 수 있어요（タル ス イッソヨ）乗れます

例：자전거를 탈 수 있어요（ジャジョンゴルル タル ス イッソヨ）.（自転車に乗れます。）

먹다（モクタ）＝ 食べる

➡ [語幹 パッチムあり] 먹（モク）＋ 을 수 있어요（ウルス イッソヨ）➡ 먹을 수 있어요（モグル ス イッソヨ）食べられます

例：매운 거를 먹을 수 있어요（メウン ゴルル モグル ス イッソヨ）.（辛いものが食べられます。）

語幹に（으 ウ）ㄹがつくと未来連体形（P158）になり、次の수（ス）を修飾します。この수は、何かを可能にする能力や可能性を指す言葉で、있어요は「あります」という意味です。つまり「〜する能力があります」という表現になり、可能を表します。

不可能の表現のつくり方

反対に不可能は、있어요（イッソヨ ／ あります）を없어요（オプソヨ

／ありません）に替えるだけでOKです。つまり、「～する能力があります」を「～する能力がありません」にするということです。

活用② （으）ㄹ 수 없어요 することができません

타다 = 乗る
<small>タダ</small>

例：자전거를 탈 수 없어요.（自転車に乗れません。）
<small>ジャジョンゴルル タル ス オプソヨ</small>

먹다 = 食べる
<small>モクタ</small>

例：매운 거를 먹을 수 없어요.（辛いものが食べられません。）
<small>メウン ゴルル モグル ス オプソヨ</small>

「～することができません」という表現は、못（モッ）という言葉を使うと、より簡単につくれます。

　下の文のように、안（アン）を使った否定の形（P76）と同様に、動詞の前に置くだけです。

못 することができない

하다 = する
<small>ハダ</small>

例：요리를 못 해요.（料理ができません。）
<small>ヨリルル モ テヨ</small>

먹다 = 食べる
<small>モクタ</small>

例：매운 거를 못 먹어요.（辛いものが食べられません。）
<small>メウン ゴルル モン モゴヨ</small>

助詞の使い分けに注意

　可能・不可能の表現で注意したいのが、助詞です。日本語の場合、「料理ができる ／ できない」のように、助詞の「が」を使って可能・不可能を表します。

　一方、韓国語の場合は、요리를 할 수 있어요 ／ 없어요（ヨリルル ハル ス イッソヨ ／ オプソヨ）＝「料理をすることができます／できません」のように、「を」＝를（ルル）／ 을（ウル）を使います。

「〜しています」という 「現在進行」を伝える

 「〜しています」

「現在進行」は、「〜する」に対して「〜している」という表現です。

韓国語も、日本語と同じように動詞の活用形に「ある・いる」＝있다（イッタ）がついた形をとります。

次ページを見てください。

고 있어요（ゴ イッソヨ ／ 〜しています）は、「現在」その動作が行われている途中、つまり**継続中**であることを表します。「現在」に相当する期間に幅がある、動作が終わった状態が続いている場合にも使うなど、おおむね日本語と似た特徴があるといえるでしょう。

ただし、日本語のように「〜している」が使えない場合もあります。

例えば、P83で見たように、「結婚しています」「似ています」は過去形にしなくてはいけません。

また、「現在疲れていること」を日本語では「疲れています」と言いますが、韓国語の形容詞피곤하다（ピゴナダ ／ 疲れている）に고 있어요をつけるのは少し不自然です。そのほか、日本語の場合、以下のような文では「〜している」が自然ですが、韓国語の場合、どちらも違和感はありません。

A: 요즘 무엇을 공부해요？（直訳：最近何を勉強しますか？）
ヨジュム ムオスル ゴンブヘヨ
（最近何を勉強していますか？）
B: 요즘 디자인을 하고 있어요．（直訳：最近デザインを勉強します。）
ヨジュム ディジャイヌル ハゴ イッソヨ
（最近デザインを勉強しています。）

活用① 고 있어요 しています

보다 = 見る

➡ 보 + 고 있어요 ➡ 보고 있어요 見ています

例：영화를 보고 있어요.（映画を見ています。）

자다 = 寝る

➡ 자 + 고 있어요 ➡ 자고 있어요 寝ています

例：집에서 자고 있어요.（家で寝ています。）

읽다 = 読む

➡ 읽 + 고 있어요 ➡ 읽고 있어요 読んでいます

例：소설을 읽고 있어요.（小説を読んでいます。）

※읽のパッチム래は右側を読んで［익］（イク）と発音。ただし고が接続すると、읽고［＝일꼬］（イルッコ）のように左がパッチムとして発音される。また母音が接続すると、읽어 ＝［일거］（イルゴ）のように左がパッチムとして残り、右が連音化する。

例：지금 친구랑 치킨을 먹고 있어요.

（いま友だちとチキンを食べています。）

例：그녀는 모자를 쓰고 있어요.

（彼女は帽子をかぶっています。）（쓰다 ／ かぶる）

例：여름이 다가오고 있어요.

（夏が近づいています。）（다가오다 ／ 近づく）

例：한국에서 화제가 되고 있어요.

（韓国で話題になっています。）（화제가 되다 ／ 話題になる）

例：작년부터 대학원에 다니고 있어요.

（去年から大学院に通っています。）（다니다 ／ 通う）

例：항상 검은 옷을 입고 있어요.（いつも黒い服を着ています。）

例：미국에서 오래 살고 있어요.（アメリカで長く暮らしています。）

「～していました」

　日本語との違いは、過去形で使うときにも現れます。

「～しています」の過去形である「～していました」は、고 있어요の있어
요を過去形（活用①）にします。これはP82で見たように、ヘヨ体の最後
の요（ヨ）を取って씼습니다（ッスムニダ）／씼어요（ッソヨ）を接続す
ればOKです。

　したがって、고 있었습니다（ゴ イッソッスムニダ）／고 있었어요（ゴ
イッソッソヨ）という形が、「～していました」になります。

> 例：미리 알고 있었어요. (事前に知っていました。)
>   ミリ　アルゴ　イッソッソヨ
> 例：맨날 울고 있었어요. (毎日泣いていました。) [울다 ＝ 泣く]
>   メンナル ウルゴ イッソッソヨ　　　　　　　　ウルダ

　日本語では過去の行動を話題にする際、「昨日は何をしていましたか？」
「遊んでいました」「勉強していました」のように、「～していました」とい
う表現がよく使われます。

　しかし、韓国語の場合は、進行形ではない普通の過去形で同じニュアン
スが伝えられます。

> 例：어제 뭐 했어요?
>   オジェ　ムォ　ヘッソヨ
> (昨日何をしていましたか？→直訳：昨日何をしましたか？)
> 例：아침부터 아이랑 놀았어요.
>   アチムブト　アイラン　ノラッソヨ
> (朝から子供と遊んでいました。→直訳：朝から子供と遊びました。)
> 例：늘 시험공부를 했습니다.
>   ヌル シホムゴンブルル　ヘッスムニダ
> (ずっと試験勉強をしていました。→直訳：ずっと試験勉強をしました。)

日本語にないもう1つの現在進行

じつは、これまで見てきた고 있어요のほかに、韓国語にはもう1つ現在進行の形があります。

それが、下の아（ア）／ 어（オ）있어요です。

動詞の語幹＋아 ／ 어（活用③）に、있어요が直接くっついています。

아 ／ 어 있어요は、고 있어요と同じく、動詞の活用形に「います・あります」が接続した形です。日本語訳も、同じ「〜しています」になります。

この2つの違いは、ひとまず以下のように理解しておきましょう。

活用① 고 있어요 しています

[いま動作が継続している]

例：지금 음악을 듣고 있어요. （いま音楽を聞いています。）
　　　ジグム　ウマグル　ドゥッコ　イッソヨ
（듣다 = 聞く）
　ドゥッタ
例：동료랑 술을 마시고 있어요. （同僚とお酒を飲んでいます。）
　　　ドンニョラン　スルル　マシゴ　イッソヨ

活用③ 아 ／ 어 있어요 しています

[動作が終わり、その結果が継続している]

例：아이가 앉아 있어요. （子供が座っています。）（앉다 = 座る）
　　　アイガ　アンジャ　イッソヨ　　　　　　　　　　　アンタ
例：어제부터 서울에 와 있어요. （昨日からソウルに来ています。）
　　　オジェブト　ソウレ　ワ　イッソヨ

※앉다のパッチムᆬは左側を読んで [안]（アン）と発音（次の다はㅈとの濃音化で濁らない）。
　ただし母音が接続すると、앉아 = [안자]（アンジャ）のように左がパッチムとして残り、右が連音化する。

活用③の例文の「座っています」「来ています」は、いずれも「座る」「来る」という動作の結果が「現在」も続いている状態です。

「前置詞」の位置は「前」ではなく「後」

「〜した後に」

次は英語の after, before に相当する表現です。

英語の場合、前置詞の after, before は名詞などの前に置いて時間の前後を表しますが、**日本語と同様、韓国語の場合は後ろに来ます。**

動詞を活用させた「〜した後に」という表現は、語幹に（으 ウ）ㄴ 후에（ン フエ）を接続すれば出来上がり。とてもシンプルですね。

으があることからわかるように、活用②の表現になります。

活用② （으）ㄴ 후에 した後に

먹다 = 食べる
（モクタ）

➡ 먹 + 은 후에 ➡ 먹은 후에 食べた後に
（モク）（ウン フエ）（モグン フエ）

例：점심을 먹은 후에 영화를 봐요.（ランチを食べた後で映画を見ます。）
（ジョムシムル モグン フエ ヨンファルル ボァヨ）

만들다 = つくる
（マンドゥルダ）

➡ 만드 [パッチムㄹが脱落] + ㄴ 후에 ➡ 만든 후에 つくった後に
（マンドゥ）　　　　　　　　（ン フエ）（マンドゥン フエ）

例：파일을 만든 후에 이름을 바꿔요.
（パイルル マンドゥン フエ イルムル バックォヨ）

（ファイルをつくった後に名前を変えます。）

（으）ㄴ は「食べたもの」のように、「〜した○○」という過去の連体形をつくる語尾です。次の후（フ）は、「後」という漢字をハングルで表した形になります。そして、에（エ）は、日本語の「に」にあたる助詞です。

つまり、（으）ㄴ 후에は、「〜した後に」という日本語の表現を直訳してつくることができます。

「〜する前に」

「〜する前に」は、「〜した後に」と動詞へのつけ方が異なる点に注意が必要です。これは動詞の語幹に、そのまま**기 전에**（ギ ジョネ）をつけます（活用①）。

기（ギ）は、「〜すること」のように動詞などを名詞化する語尾です。

전（ジョン）は、「前」という漢字をハングルで表した形になります。

活用① 기 전에 する前に

チュルバラダ
출발하다 ＝ 出発する

　　　　チュルバラ　　ギ　ジョネ　　　　　　チュルバラギ　　ジョネ
➡ **출발하 ＋ 기 전에 ➡ 출발하기 전에** 出発する前に

　　　　チュルバラギ　　ジョネ　ヨックォヌル　　　ファギネッソヨ
例：**출발하기 전에 여권을 확인했어요.**

（出発する前にパスポートを確認しました。）

モクタ
먹다 ＝ 食べる

　　　モク　ギ　ジョネ　　　　　モッキ　ジョネ
➡ **먹 ＋ 기 전에 ➡ 먹기 전에** 食べる前に

　　　ジョニョグル　モッキ　ジョネ　サンチェグル　　ヘッソヨ
例：**저녁을 먹기 전에 산책을 했어요.**

（夕食を食べる前に散歩をしました。）

そのほか「時・頃」を表す**때**（ッテ）を名詞などにつけると、次のように「〜のとき」という表現をつくることができます。

ユチウォン　ッテ
유치원 때 幼稚園のとき　　　チョドゥンハクキョッテ
　　　　　　　　　　　　　　　　　초등학교 때 小学校のとき

ジュンハクキョッテ
중학교 때 中学校のとき　　　ゴドゥンハクキョ　ッテ
　　　　　　　　　　　　　　　　고등학교 때 高校のとき

デハク　ッテ
대학 때 大学のとき　　　　　ユハク　ッテ
　　　　　　　　　　　　　　　유학 때 留学のとき

フェサウォン　ッテ
회사원 때 会社員のとき　　　シニン　ッテ
　　　　　　　　　　　　　　　신인 때 新人のとき

ひとつ落とすと
「タメ口」になる

 パンマルのつくり方

　ここまでハムニダ体、ヘヨ体という2つの表現を通して、韓国語のさまざまな表現を学んできました。ただし、勧誘の語尾＝자（ジャ）（P111）、禁止の表現＝하지 마（ハジ マ）（P123）のところで少し触れた通り、韓国語にも日本語のいわゆる**「タメ口」**にあたる「パンマル」＝반말（パンマル）があります。

　動詞・形容詞のパンマルのつくり方は、ヘヨ体にしたうえで最後の요（ヨ）を取るだけです。また、P74で見たようにヘヨ体は5つの意味で用いることができますが、요を取ったパンマルも同じになります。

1．먹다 = 食べる
（モクタ）
➡ 먹어요 食べます ［요を取る］ ➡ 먹어 食べる
（モゴヨ）　　　　　　　　　　　（モゴ）
例：점심 뭐 먹어？
（ジョムシムムォ モゴ）

（お昼に何食べる？）

2．공부하다 = 勉強する
（ゴンブハダ）
➡ 공부해요 勉強します ［요を取る］ ➡ 공부해 勉強する
（ゴンブヘヨ）　　　　　　　　　　　　（ゴンブヘ）
例：난 오늘 집에서 공부해.
（ナン オヌル ジベソ ゴンブヘ）

（私は今日、家で勉強するよ。）

3．있다 = ある・いる
（イッタ）
➡ 있어요 あります・います ［요を取る］ ➡ 있어 ある・いる
（イッソヨ）　　　　　　　　　　　　　　（イッソ）
例：자료는 사무실에 있어.
（ジャリョヌン サムシレ イッソ）

（資料は事務所にある。）

　日本語の動詞・形容詞の場合、「来る」「うれしい」のように基本形（辞書形）がそのまま「だ・である体」または「タメ口」の文になります。

　一方、韓国語の動詞・形容詞の基本形は、原則的に何らかの形で活用させないと文になりません。

　そのため、基本形の공부하다（ゴンブハダ）に対してパンマル＝공부해（ゴンブヘ）のように、それぞれ形が異なるわけです。

　英語に比べると、韓国語の敬語の使い方は日本語と非常によく似ています。ただ、日本より韓国のほうが、より厳格に敬語を求められると考えたほうがいいかもしれません。パンマルも、親しい友人同士、家族間、また、大人が子供に話すときなど、特定の人間関係に限られます。学校で子供が先生にパンマルで話すことは韓国では考えられません。

　日本では、お店の従業員など初対面の相手に「タメ口」で話しかける場面が時折見受けられますが、韓国では無礼な態度とされる可能性があります。

「〜です・ます」のパンマル

　P56では、名詞について敬語をつくる語尾の입니다（イムニダ）、예요（エヨ）、이에요（イエヨ）などを学びました。これらを（이 イ）야（ヤ）に置き換えることで、パンマルになります。**パッチムで終わる単語には이야（イヤ）、母音で終わる単語には야をつけます。**

（이）야

例：그는 학생이야. （彼は学生だよ。）
グヌン　　ハクセンイヤ

例：이 사람은 내 친구야. （この人は私の友だちなの。）
イ　サラムン　ネ　チングヤ

例：오늘은 쉬는날야. （今日は休みなんだ。）
オヌルン　シヌンナルヤ

例：너, 집이 어디야? （お前、家はどこだ？）
ノ　ジビ　オディヤ

例：저 아저씨 누구야? （あのおじさんは誰？）
ジョ　アジョッシ　ヌグヤ

139

「ちゃん」などの敬称をよく用います。日本語の「様」「さん」にあたるのが 씨（ッシ）です。漢字では「氏」と書きます。

　日本語では名字に「様」「さん」をつけますが、韓国では原則としてフルネームに 씨 をつけます。相手と親しい場合は下の名前に 씨 をつけて、서준 씨（ソジュン ッシ）＝「ソジュンさん」、정국 씨（ジョングッ ッシ）＝「ジョングクさん」とすることも一般的です。

　そもそも、日本人の名字は非常に多く、10万種類以上ともいわれます。対して、韓国で登録されている姓は、5582種類（韓国統計庁 2015年）です。

　ただし、大半は帰化した外国姓で、漢字で書ける姓は1507種類です。さらに、김（金 キム）、이（李 イ）、박（朴 パク）、최（崔 チェ）、정（鄭 ジョン）の５種類だけで人口の半数強を占めます。私自身も、子供時代に学校の７教科の先生の名字がすべて 이 だったことがありました。フルネームに 씨 をつけるのも、김 씨（キム ッシ）＝「キムさん」、이 씨（イッシ）＝「イさん」では同姓が多すぎて誰のことかわからないという事情があるのかもしれません。親しい友人同士、家族間、また、大人が子供に話すときなど、敬称の必要がない間柄では、下の名前に 아（ア）／ 야（オ）を添えて呼びかけるときの形に変えます。

아 ／ 야（パンマルで下の名前を呼びかけるときの語尾）

キムミンジ 김민지	キムミンジッシ　ミンジッシ （김민지 씨 ／ 민지 씨）	ミンジヤ ➡ 민지야
ハンソヒ 한소희	ハンソヒッシ　ソヒッシ （한소희 씨 ／ 소희 씨）	ソヒヤ ➡ 소희야
ジョンジョングッ ジョンジョングッシ 전정국	ジョングッシ （전정국 씨 ／ 정국 씨）	ジョングガ ➡ 정국아
パクソジュン 박서준	パクソジュンッシ　ソジュンッシ （박서준 씨 ／ 서준 씨）	ソジュナ ➡ 서준아

　下の名前につける 아 ／ 야は、最後にパッチムがあれば 아、なければ 야です。したがって、パッチムで終わる名前の多くは、아がつくことで連音

化します。**아**／**야**を使うのは呼びかけるときだけで、文中に名前が登場する場合はつきません。会話では、パッチムで終わる下の名前に**이**（イ）を添えます。そのため母音で終わる形となり、接続する助詞は**가**（カ）、**는**（ヌン）、**를**（ルル）などになります。母音で終わる名前には何もつきません。

> ジェミン
> 재민 ➡ 例：재민이는 지금 없어.（ジェミンはいまいないよ。）
> 　　　ジェミニ ヌン　ジグム　オプソ
> ウォニョン
> 원영 ➡ 例：원영이가 보고 싶어.（ウォニョンに会いたい。）
> 　　　ウォニョンイガ　ボゴ　シポ

　年上の人には基本的に敬語を使いますが、年が離れていても仲良くなればパンマルを使うこともあります。ただし、仲良くなっても相手を名前だけで呼ぶのは避けましょう。相手が男性なら名前に**형**（ヒョン）、女性なら**누나**（ヌナ）をつけます。女性が年上の男性を呼ぶときは、형ではなく**오빠**（オッパ）を使います。

役職につける敬称＝님

　「さん」「君」にあたる呼称に**양**（ヤン／嬢）、**군**（グン／君）などもありますが、あまりポピュラーではありません。よく用いられるのは、**님**（ニム）です。님は、씨よりさらにていねいな敬称になります。名前につける場合もありますが、より一般的なのは役職名などです。

サジャン 사장 社長	サジャンニム 사장님	ブジャン 부장 部長	ブジャンニム 부장님	ティムジャン 팀장 チーム長	ティムジャンニム 팀장님
デリ 대리 代理	デリニム 대리님	シルチャン 실장 室長	シルチャンニム 실장님	ビョノサ 변호사 弁護士	ビョノサニム 변호사님
ソンセン 선생 先生	ソンセンニム 선생님	ギョス 교수 教授	ギョスニム 교수님	ガムドク 감독 監督	ガムドンニム 감독님
ゴゲク 고객 顧客	ゴゲンニム 고객님	ウイサ 의사 医師	ウイサソンセンニム 의사선생님	ジャクカ 작가 作家	ジャクカニム 작가님

　名前につける님は「様」と訳せます。役職の場合は、対応する日本語がないため、普通は訳しません。ただし、役職名で呼びかけるときに님をつけ忘れると失礼にあたる場合が多いので、気をつけましょう。

「めっちゃ年上の人」には「세（セ）」を入れる

 尊敬語のつくり方

　パンマルの次は、尊敬語について説明します。

　韓国語の尊敬語は、動詞・形容詞の語幹に（으 ウ）세요（セヨ）をつけます。これは活用②なので、語幹にパッチムがあれば으세요（ウセヨ）、なければ세요（セヨ）がつきます。ヘヨ体なので、そのまま疑問文などにもなります。また、人で始まる語尾なので、語幹の最後のパッチムㄹが脱落する点に注意しましょう。

活用②（으）세요（尊敬語：動詞・形容詞）

ハダ
하다 ＝ する

➡ ハ
하 ＋ セヨ
세요 ➡ ハセヨ
하세요 されます

例：선생님은 작곡도 하세요.（先生は作曲もされます。）
ソンセンニムン　チャクコクト　ハセヨ

グェンチャンタ
괜찮다 ＝ 大丈夫だ

➡ グェンチャン
괜찮 ＋ ウセヨ
으세요 ➡ グェンチャヌセヨ
괜찮으세요 大丈夫でいらっしゃいます

例：시간이 괜찮으세요?（時間は**大丈夫でいらっしゃいますか？**）
シガニ　　グェンチャヌセヨ

　※찮のパッチムㄶは左側を読んで［찬］（チャン）と発音（次の다はㅎとの激音化で濁らない）。ただし母音が接続すると、찮아 ＝［차나］（チャナ）のように、右のㅎの弱音化により左のㄴが次の아と連音化する。

サルダ
살다 ＝ 住む

➡ サ
사 ［パッチムㄹが脱落］ ＋ セヨ
세요 ➡ サセヨ
사세요 お住まいです

例：원장님은 근처에 사세요.（園長は近くに**お住まいです。**）
ウォンジャンニムン　グンチョエ　サセヨ

名詞につける「〜です」を尊敬語にするには、（이 イ）세요（セヨ）を使います。パッチムで終わる単語には이세요（イセヨ）、母音で終わる単語には세요をつけます。

（이）세요（尊敬語：名詞）
例：이 분이 사토 씨세요. （この方が佐藤さんでいらっしゃいます。）
イ　ブニ　サト　ッシセヨ
例：몇 년생이세요？ （何年生まれでいらっしゃいますか？）
ミョン　ニョンセンイセヨ
例：대만이 고향이세요. （台湾が故郷でいらっしゃいます。）
デマニ　ゴヒャンイセヨ

尊敬の意味を持った単語

日本語の「召し上がる」「いらっしゃる」「おっしゃる」のように、最初から尊敬の意味を持った動詞もあります。以下、それぞれ同じ意味で尊敬語ではない動詞などとあわせて紹介します。

있어요 ＝ います ➡ 계세요 ＝ いらっしゃいます
イッソヨ　　　　　　　　　　ゲセヨ
例：대표님은 지금 중국에 계세요. （代表はいま中国にいらっしゃいます。）
デピョニムン　チグム　ジュングゲ　ゲセヨ
例：좌석에 앉아 계세요. （座席に座っていらしてください。）
ジョァソゲ　アンジャ　ゲセヨ
먹어요 ＝ 食べます ➡ 드세요 ／ 잡수세요 ＝ 召し上がります
モゴヨ　　　　　　　　　　ドゥセヨ　　　チャプ スセヨ
例：따뜻한 거 드세요？ （温かいものを召し上がりますか？）
ッタットゥタン ゴ　ドゥセヨ
例：저녁은 호텔에서 드세요. （夕食はホテルでお召し上がりください。）
ジョニョグン　ホテレソ　ドゥセヨ
말해요 ＝ 言います ➡ 말씀하세요 ＝ おっしゃいます
マレヨ　　　　　　　　　　マルッスマセヨ
例：항상 이렇게 말씀하세요. （いつもこのようにおっしゃいます。）
ハンサン　イロケ　マルッスマセヨ
자요 ＝ 寝ます ➡ 주무세요 ＝ お休みになります
ジャヨ　　　　　　　　ジュムセヨ
例：안녕히 주무세요. （お休みなさいませ。→直訳：安寧にお休みになってください。）
アンニョンイ　ジュムセヨ

「あります・います」という意味の있어요（イッソヨ）の語幹に、으세요をつけて尊敬語にした있으세요（イッスセヨ）は、「いらっしゃいます」ではなく、**「おありです」**の意味になります。

> 例：관심이 있으세요？（関心が**おありですか？**）
> グァンシミ イッスセヨ

日本語の「家 → お宅」「服 → お召し物」のように、韓国語にも尊敬の意味を持った単語があります。

以下、尊敬語または敬語として用いられる単語をいくつか紹介します。

> 집 ＝ 家 ➡ 댁 ＝ お宅
> ジブ デク
> 例：댁이 어디세요？（**お宅**はどちらでいらっしゃいますか？）
> デギ オディセヨ
> 말 ＝ 言葉 ➡ 말씀 ＝ お言葉
> マル マルッスム
> 例：하나님의 말씀을 읽으세요. 神様の**お言葉**を読まれます。
> ハナニメ マルッスムル イルグセヨ
> 나이 ＝ 年齢 ➡ 연세 ＝ お年
> ナイ ヨンセ
> 例：연세가 어떻게 되세요？ **お年**はおいくつでいらっしゃいますか？
> ヨンセガ オットケ ドェセヨ
> （直訳：お年がどのようにおなりですか？ 되다 ＝ なる）
> ドェダ
> 이름 ＝ 名前 ➡ 성함 ＝ お名前
> イルム ソンハム
> 例：성함이 어떻게 되세요？ **お名前**は何とおっしゃいますか？
> ソンハミ オットケ ドェセヨ
> （直訳：お名前がどのようにおなりですか？）

「どうぞ」のニュアンスで使える尊敬語

日本語とよく似た韓国語ですが、「どうぞ」にあたる言葉はありません。

ただし、ヘヨ体である（으）세요を使えば、日本語の「どうぞ○○なさってください」のような表現をつくることができます。P74で見たように、ヘヨ体は勧誘や命令の意味でも使えるからです。

例：자, 먼저 타세요. （さあ、どうぞ先にお乗りください。）
（ジャ モンジョ タセヨ）

例：조심해서 들어 가세요. （気をつけてお帰りください。）
（ジョシメソ ドゥロ ガセヨ）

例：많이 드세요. （どうぞたくさん召し上がってください。）
（マニ ドゥセヨ）

例：여기 앉으세요. （どうぞここへお座りください。）
（ヨギ アンジュセヨ）

 ## 韓国で尊敬語を使う範囲

　尊敬語は日本語の「〜なさる」「〜でいらっしゃる」のように、相手を自分よりも高く位置づけて敬意を表現する言葉です。韓国語で「尊敬語」は、존댓말（ジョンデンマル）です。ヘヨ体はパンマルよりも相手を敬っていることを示すていねい語ですが、존댓말はさらに高い尊敬の気持ちを表します。

　ただし、P125でも説明したように、尊敬語だからといってつねに深い敬意が込められているわけではありません。私の感覚では、日本に比べて韓国のほうが尊敬語がより日常的に使われているように思います。そのため、例文の日本語訳に回りくどさや仰々しさを感じる人も多いかもしれません。

例：이 분이 사토 씨세요. （この方が佐藤さんでいらっしゃいます。）
（イ ブニ サト ッシセヨ）

　上の文も、実際は「こちらが佐藤さんです」という程度のニュアンスで使われます。韓国では、ひとまず初対面や関係が浅い大人同士、またビジネスの場などでは、尊敬語を使うのがマナーだと考えればいいでしょう。

　最後に、もう１つおさえておきたいのが、**韓国は身内にも尊敬語を使うのが礼儀**だということです。日本では、両親や祖父母に尊敬語を使うことはあまり一般的ではないと思いますが、韓国では使わないことが逆にマナー違反です。

図 3-8　第3章の文法まとめ①

理由

약속이 있어서 먼저 갑니다. (約束があるので先に行きます。)

오늘은 추우니까 감기 조심하세요. (今日は寒いので風邪に気をつけてください。)

그래서 저는 좋아했어요. (それで私は好きだったんです。)

왜 시간이 없어요? (なぜ時間がないんですか?)

勧誘

내일 또 만납시다. (明日また会いましょう。)

금요일에 만날까요? (金曜日に会いましょうか?)

내 친구를 만날래요? (私の友だちに会いますか?)

내일 학교에서 만나자. (明日学校で会おう。)

希望

비빔밥을 먹고 싶어요. (ビビンバを食べたいです。)

영화를 보고 싶어요. (映画が見たいです。)

許可

같이 놀러 가도 돼요? (一緒に遊びに行ってもいいですか?)

바다에 가도 괜찮아요? (海に行っても大丈夫ですか?)

仮定

시간이 있으면 같이 가고 싶어요. (時間があれば、一緒に行きたいです。)

한국에 가면 뭐하고 싶어요? (韓国に行ったら、何をしたいですか?)

お願い

파티에 와 주시겠어요? (パーティに来ていただけますか?)

맥주 한잔 주세요. (ビールを1杯ください。)

죄송한데요, 다시 알려 주세요. (すみませんが、もう一度教えてください。)

図 3-9　第3章の文法まとめ②

義務

학교에 가야 돼요.（学校に行かなくてはいけません。）

선물을 사야 해요.（プレゼントを買わなくてはいけません。）

可能

자전거를 탈 수 있어요.（自転車に乗れます。）

매운 거를 먹을 수 없어요.（辛いものが食べられません。）

요리를 못 해요.（料理ができません。）

現在進行

영화를 보고 있어요.（映画を見ています。）

지금 음악을 듣고 있어요.（いま音楽を聞いています。）

어제부터 서울에 와 있어요.（昨日からソウルに来ています。）

前置詞

점심을 먹은 후에 영화를 봐요.（昼食を食べた後に映画を見ます。）

출발하기 전에 여권을 확인했어요.（出発する前にパスポートを確認しました。）

タメ口

점심 뭐 먹어?（お昼に何食べる?）

그는 학생이야.（彼は学生だよ。）

敬語（尊敬語）

시간이 괜찮으세요?（時間は大丈夫でいらっしゃいますか?）

이 분이 사토 씨세요.（この方が佐藤さんでいらっしゃいます。）

안녕히 주무세요.（お休みなさいませ。）

성함이 어떻게 되세요?（お名前は何とおっしゃいますか?）

조심해서 가세요.（どうぞ気をつけてお行きください。）

147

第4章

韓国語特有の文法

韓国語特有の文法も 日本語を手がかりに理解する

 連体形を中心に学習

　第4章では、**連体形を中心に韓国語特有の文法**を解説します。

　具体的には、**動詞の現在連体形、過去連体形、未来連体形、形容詞の連体形、変化の表現、視覚的な予想、客観的な予想、願望、時間の経過、決心、伝言**です。本章では、日本語にはない、韓国語特有の文法が多くなります。

　まず、本章のメインとなる文法の連体形とは何かというと、動詞や形容詞などが体言（名詞）を修飾する形のことを指します。日本語の場合、動詞の連体形であれば、「走る犬」のように、「走る」という動詞が「犬」という名詞を修飾しています。形容詞の連体形であれば、「冷たいビール」は「冷たい」という形容詞が「ビール」という名詞を修飾しています。

　日本語の場合、「笑う」「楽しい」のように、連体形でも基本形（辞書形）をそのまま使いますが、韓国語の場合は、基本形を活用させる必要があります。

　また、連体形の中でも動詞の未来連体形は、日本語にありません。

　未来連体形のポイントは、「～する（予定の）○○」などのように言葉を足して理解することです。

　韓国語特有といっても、使い方や活用のルール自体はこれまでに登場した文法と同じ場合が多いですし、日本語の感覚に近いものもたくさんあるので、心配することはありません。

　では、さっそく本編に入りましょう！

第1章
ハングル文字と発音

第2章
文の基本構造

第3章
疑問形・依頼

第4章
韓国語特有の文法

図 4-0　第4章の見取り図

連体形

㉛動詞の現在連体形
㉜動詞の過去連体形
㉝動詞の未来連体形
㉞形容詞の連体形

㉟変化の表現

予想の表現

㊱視覚的な予想
㊲客観的な予想

㊳願望

㊴時間の経過を示す表現

㊵決心

㊶伝言

「現在の動詞」に オマケをつける現在連体形

 動詞の現在連体形

連体形とは、**動詞や形容詞などが「体言」＝名詞を修飾する形**です。

　例えば、「笑う人」は「笑う」という動詞が「人」という名詞を、また「楽しい日々」は「楽しい」という形容詞が「日々」という名詞を修飾します。

　日本語の動詞・形容詞の場合、「笑う」「楽しい」のように、基本形（辞書形）がそのまま連体形になります。一方、**韓国語の動詞・形容詞の場合は、基本形を活用させて形を変えないと連体形にならない**のです。

　では、さっそく動詞の現在連体形をつくってみましょう。

活用① 는（動詞などの現在連体形）

モクタ
먹다 ＝ 食べる

　➡ 먹 ＋ 는 ➡ 먹는 食べる〜　　例：먹는 사람 食べる人
　　　モク　　ヌン　　　モンヌン　　　　　　　　　モンヌン サラム

ボダ
보다 ＝ 見る

　➡ 보 ＋ 는 ➡ 보는 見る〜　　　例：보는 드라마 見るドラマ
　　　ボ　　ヌン　　　ボヌン　　　　　　　　　ボヌン ドゥラマ

チャッタ
찾다 ＝ 探す

　➡ 찾 ＋ 는 ➡ 찾는 探す〜　　例：찾는 방법 探す方法
　　　チャッ　　ヌン　　　チャンヌン　　　　　　　チャンヌンバンボブ

サランハダ
사랑하다 ＝ 愛する

　➡ 사랑하 ＋ 는 ➡ 사랑하는 愛する〜
　　　サランハ　　ヌン　　　サランハヌン

例：사랑하는 이유 愛する理由
　　サランハヌン イユ

アルダ
알다 ＝ 知る・わかる

　➡ 알［パッチムㄹが脱落］＋ 는 ➡ 아는 知っている〜
　　　アル　　　　　　　　　　　ヌン　　　アヌン

例：아는 곳 知っている場所
　　アヌン ゴッ

　日本語の文法には連体形の活用がないので、最初は難しいと感じるかもしれません。ただ、これまで見てきた3つの活用と、しくみ自体は同じです。

　動詞の現在連体形をつくるには、活用①の規則にしたがって語幹にそのまま는（ヌン）をつけるだけ。この形に名詞などが続けば、「食べる人」のような表現になります。

　なお、는はㄴで始まる語尾なので、パッチムㄹの脱落が起きます。

 「趣味は〜することです」

　動詞の現在連体形は、さまざまな文で使われます。例えば、「こと・もの」という意味の것（ゴッ）を続ければ、以下のような文をつくれます。

　것は、会話などで使われる거（ゴ）という形もありますが、助詞や「です」にあたる部分がパッチムの有無で変わる点に気をつけましょう。

例：
チュイミヌン　ムォエヨ
Q: 취미는 뭐예요？（趣味は何ですか？）
チュイミヌン　ギタルル　チヌン　　ゴシエヨ
A: 취미는 기타를 치는 것이에요.

　（趣味はギターを弾くことです。）［치다 ＝ 弾く］（チダ）
チュイミヌン ヨンファルル ボヌン　　ゴシエヨ
취미는 영화를 보는 것이에요.（趣味は映画を見ることです。）
チュイミヌン　ヨリルル　マンドゥヌン　ゴエヨ
취미는 요리를 만드는 거예요.（趣味は料理をつくることです。）

チャンムヌル ダンヌン ゴスル　イッチ　　マセヨ
例：창문을 닫는 것을 잊지 마세요.

　（窓を閉めるのを忘れないでください。）［닫다 ＝ 閉める］（ダッタ）
ウマク ドゥンヌン ゴルル　　ジョアヘヨ
例：음악 듣는 거를 좋아해요.

　（音楽を聞くのが好きです。）［듣다 ＝ 聞く］（ドゥッタ）
ジベ　インヌン ゴシ　アンジョナムニダ
例：집에 있는 것이 안전합니다.（家にいるのが安全です。）
ウイミガ　オムヌン ゴシ　　アニエヨ
例：의미가 없는 것이 아니에요.（意味がないわけではありません。）

153

「過去の動詞」に オマケをつける過去連体形

 動詞の過去連体形

「食べる人」「探す方法」のような動詞の現在連体形に対して、「食べた人」「探した方法」のように過去のことを表現する場合もあります。これが動詞の過去連体形です。

　動詞を過去連体形にするには、語幹に（으ウ）ㄴ（ン）をつけます。これは活用②なので、語幹の最後にパッチムがあれば은（ウン）、なければㄴがパッチムとしてつきます。（으）ㄴはㄴで終わる語尾なので、パッチムㄹの脱落が起こることに注意しましょう。

活用②（으）ㄴ（動詞の過去連体形）

먹다 = 食べる
➡ 먹 + 은 ➡ 먹은 食べた〜
　例：어제 먹은 치킨 昨日食べたチキン

찍다 = 撮る
➡ 찍 + 은 ➡ 찍은 撮った〜
　例：어제 찍은 사진 昨日撮った写真

오다 = 来る
　➡ 오 + ㄴ ➡ 온 来た〜
例：한국에서 온 친구 韓国から来た友だち

놀다 = 遊ぶ
　➡ 놀 + ㄴ ➡ 논 遊んだ〜 例：같이 논 사람 一緒に遊んだ人

「したことがあります ／ ありません」

　動詞の過去連体形とともによく用いられるのが、적（ジョク）です。

　적だけでは意味を持ちませんが、過去連体形につけると「〜したこと」という意味で使えます。（으）ㄴ 적이 있다 ／ 없다（ジョギ イッタ ／ オプタ）で、「〜したことがある ／ ない」という意味になります。

> 例：오키나와에 간 적이 있어요.（沖縄に行ったことがあります。）
> オキナワエ　ガン ジョギ　イッソヨ
>
> 例：하와이에 간 적이 없어요.（ハワイに行ったことがありません。）
> ハワイエ　ガン ジョギ　オプソヨ
>
> 例：먹은 적이 있어요?（食べたことがありますか？）
> モグン ジョギ　イッソヨ
>
> 例：먹은 적이 없어요.（食べたことがありません。）
> モグン ジョギ　オプソヨ
>
> 例：아직 읽은 적이 없어요.（まだ読んだことがありません。）
> アジク イルグン ジョギ　オプソヨ
>
> 例：들은 적이 있어요.（聞いたことがあります。）
> ドゥルン ジョギ　イッソヨ
>
> ※듣다（ドゥッタ）＝「聞く」はㄷ変則用言。活用②では語幹の最後のパッチムㄷがㄹに変化
> → 으（ウ）をともなう語尾が接続する。
>
> 例：오사카에 산 적이 있어요.（大阪に住んだことがあります。）
> オサカエ　サン ジョギ　イッソヨ
>
> ※살다（サルダ）＝「住む」の語幹のパッチムㄹが脱落。

　一番上の例文「에 간 적이 있어요」は会話でよく使う表現ですが、「에 가본 적이 있어요」「에 가봤어요」も同じ意味でよく使います。

　経験を伝えるとき、よく一緒に用いられるのが「一度だけ」という言葉です。日本人は「一度だけ」という意味の한번만（ハンボンマン）を使いがちですが、少し不自然な表現です。「一度だけ○○したことがあります」と言うときは、代わりに「ぴったり」「きっかり」を表す副詞である딱（ッタク）を添えて、딱 한번（ッタ カンボン）を使います。

> 例：딱 한번 간 적이 있어요.（一度だけ行ったことがあります。）
> ッタ カンボン ガン ジョギ　イッソヨ
>
> ×　한번만 간적이 있어요.
> ハンモンバン

補助動詞보다の使い方

　もう１つ、経験を表すときによく使われる表現が、**본 적이 있다 / 없다**（ボン ジョギ イッタ ／ オプタ）です。最初の본は、動詞の보다（ボダ／見る）の過去連体形です。

　日本語の「みる」は、「見る」のほかに、「〜してみる」、つまりほかの動詞の活用形に接続して「試しに行う」という意味を表すこともできます。この場合の「〜してみる」は、**補助動詞**と呼ばれます。

　じつは、韓国語の보다にも、日本語の「みる」と同じ補助動詞としての働きがあります。動詞を活用③＝아（ア）／ 어（オ）がつく形にして보다をつけると、「〜してみる（試しに行う）」という表現になるのです。

活用③ 아 ／ 어 보다 ～してみる

사다 = 買う
➡ 사 ＋ 아 보다 ➡ 사 보다 買ってみる
　例：하나 사 봤어요.（１つ買ってみました。）

입다 = 着る
➡ 입 ＋ 어 보다 ➡ 입어 보다 着てみる
　例：한번 입어 보세요.（一度着てみてください。）

생각하다 = 考える
➡ 생각하 ＋ 아 보다 ➡ 생각해 보다 考えてみる
　例：그 의미를 생각해 봅니다.（その意味を考えてみます。）

열다 = 開く
➡ 열 ＋ 어 보다 ➡ 열어 보다 開いてみる
　例：파일을 열어 봅시다.（ファイルを開いてみましょう。）

補助動詞보다を使って経験を表す

　ただし、日本語の「〜してみる」は「試しに行う」という意味だけを表しますが、韓国語の아／어 보다は、もう1つ別の使い方があります。

　それが、**「〜したことがある」という経験を表す表現**です。

例：여기서 살아 봤습니까? （ここに住んだことがありますか？）
　　ヨギソ　　サラ　ボァッスムニッカ

例：한국에서 버스를 타봤어요. （韓国でバスに乗ったことがあります。）
　　ハングゲソ　　ボスルル　タボァッソヨ

例：경험해 보지 않으면 몰라요.
　　ギョンホメ　ボジ　アヌミョン　モルラヨ

　（経験したことがなければわかりません。）[경험하다 ＝ 経験する]
　　　　　　　　　　　　　　　　　　　　　ギョンホマダ

　そして、この보다を過去連体形にして、「〜したこと」という意味の적と組み合わせたのが、본 적이 있다／없다 です。日本語に訳すと、보다がなくても意味が変わりませんが、韓国人はとてもよく用いる表現です。

例：제주도에 간 적이 있어요? （済州島に行ったことがありますか？）
　　ジェジュドエ　ガン　ジョギ　イッソヨ

　　제주도에 가 봤어요? （済州島に行ったことがありますか？）
　　ジェジュドエ　ガ　ボァッソヨ

　　제주도에 가 본 적이 있어요? （済州島に行ったことがありますか？）
　　ジェジュドエ　ガ　ボン　ジョギ　イッソヨ

例：호떡을 먹은 적이 있어요? （ホットクを食べたことがありますか？）
　　ホットグル　モグン　ジョギ　イッソヨ

　　호떡을 먹어 봤어요? （ホットクを食べたことがありますか？）
　　ホットグル　モゴ　ボァッソヨ

　　호떡을 먹어 본 적이 있어요? （ホットクを食べたことがありますか？）
　　ホットグル　モゴ　ボン　ジョギ　イッソヨ

「未来の動詞」に オマケをつける未来連体形

 動詞の未来連体形

　動詞の最後は、未来連体形です。これは、日本語にはない表現です。

　未来連体形は、「～する（予定の）○○」などのように言葉を足して**理解する**ことがポイントです。

　まず、動詞を未来連体形にするには、語幹に（으 ウ）ㄹ（ル）をつけます。過去連体形と同じ活用②なので、語幹の最後にパッチムがあれば을（ウル）、なければㄹが語幹の最後にパッチムとしてつきます。やはり、パッチムㄹの脱落が起こる点にも注意が必要です。下の例文を見てください。

活用②（으）ㄹ（動詞の未来連体形）

먹다 = 食べる
（モクタ）

➡ 먹 + 을 ➡ 먹을 食べる～
　（モク）（ウル）　（モグル）

　　例：내일 먹을 치킨 明日食べる（予定の）チキン
　　　　（ネイル）（モグル）（チキン）

오다 = 来る
（オダ）

➡ 오 + ㄹ ➡ 올 来る～
　（オ）（ル）　（オル）

　　例：한국에서 올 친구 韓国から来る（予定の）友だち
　　　　（ハングゲソ）（オル）（チング）

놀다 = 遊ぶ
（ノルダ）

➡ 놀 + ㄹ ➡ 놀 遊ぶ～
　（ノル）（ル）　（ノル）

　　例：같이 놀 사람 一緒に遊ぶ（予定の）人
　　　　（ガチ）（ノル）（サラム）

ㄹ語幹にㄹが接続する場合、いったん語幹のパッチムㄹが脱落した上で語尾がつく。

未来連体形を日本語に訳すと、「食べるチキン」「来る友だち」「遊ぶ人」のように、現在連体形と形が変わりません。

そこで、(予定の) を添えて、「食べる（予定の）チキン」「来る（予定の）友だち」「遊ぶ（予定の）人」と考えると、未来連体形のニュアンスが理解しやすくなります。

～する予定 ／ つもりです ／ でしょう

現在連体形（P153）で紹介した「こと・もの」を意味する**것（ゴッ）は、未来連体形ともセットでよく用いられます。**

（으）ㄹ 것이에요（ル コシエヨ）や（으）ㄹ 거예요（ル コエヨ）は、これからの予定、推測、また自分の意思などを伝える定番の表現です。

活用② （으）ㄹ 거예요 ～する予定 ／ つもりです ／ でしょう

ᵐᵃⁿⁿᵃᵈᵃ
만나다 ＝ 会う
➡ 만나 ＋ ㄹ 거예요 ➡ 만날 거예요 会う予定です
　ᵐᵃⁿⁿᵃ　　ˡ　ᶜᵒᵉʸᵒ　　　ᵐᵃⁿⁿᵃˡ　ᶜᵒᵉʸᵒ
例：ᵒⁿᵘˡ오늘 ᵈᵃˢʰⁱ다시 ᵐᵃⁿⁿᵃˡ만날 ᶜᵒᵉʸᵒ거예요. (今日また会う予定です。)

ᵐⁱᵗᵗᵃ
믿다 ＝ 信じる
➡ 믿 ＋ 을 거예요 ➡ 믿을 거예요 信じるつもりです
　ᵐⁱᵗ　ᵘˡ　ᶜᵒᵉʸᵒ　　ᵐⁱᵈᵘˡ　ᶜᵒᵉʸᵒ
例：ᵍᵘ그 ᵐᵃˡᵘˡ말을 ᵐⁱᵈᵘˡ믿을 ᶜᵒᵉʸᵒ거예요. (その言葉を信じるつもりです。)

ⁿᵉʳⁱᵈᵃ
내리다 ＝ 降る・降りる
➡ 내리 ＋ ㄹ 거예요 ➡ 내릴 거예요 降るようです
　ⁿᵉʳⁱ　ˡ　ᶜᵒᵉʸᵒ　　ⁿᵉʳⁱˡ　ᶜᵒᵉʸᵒ
例：ᵒⁿᵘˡ오늘 ᵇᵃᵐᵉ밤에 ⁿᵘⁱ눈이 ⁿᵉʳⁱˡ내릴 ᶜᵒᵉʸᵒ거예요. (今夜、雪が降るようです。)

ᵍᵃᵈᵃ
가다 ＝ 行く
➡ 가 ＋ ㄹ 거예요? ➡ 갈 거예요? 行く予定ですか？
　ᵍᵃ　ˡ　ᶜᵒᵉʸᵒ　　ᵍᵃˡ　ᶜᵒᵉʸᵒ
例：ⁿᵉⁿⁱᵒⁿᵉ내년에 ʸᵘʰᵃᵏ유학 ᵏᵃˡ갈 ᶜᵒᵉʸᵒ거예요? (来年、留学する予定ですか？)

「形容詞」にオマケを
つける形容詞の連体形

 形容詞の現在連体形

　形容詞の連体形は、動詞の連体形とつくり方が異なります。

　形容詞の現在連体形をつくる語尾は、活用②の（으 ウ）ㄴ（ン）になります。つまり、動詞の過去連体形と同じです。

　したがって、語幹の最後にパッチムがあれば은（ウン）、なければㄴがパッチムとしてつきます。パッチムㄹの脱落が起こる点も変わりません。

活用②（으）ㄴ（形容詞の現在連体形）

좋다 ＝ いい
（チョタ）

➡ 좋 ＋ 은 ➡ 좋은 いい〜
（チョッ）（ウン）（チョウン）

　　例：좋은 사람 いい人
　　　　（チョウン サラム）

괜찮다 ＝ いい・大丈夫だ
（グェンチャンタ）

➡ 괜찮 ＋ 은 ➡ 괜찮은 よい〜
（グェンチャン）（ウン）（グェンチャヌン）

　　例：괜찮은 생각 いい考え
　　　　（グェンチャヌンセンガク）

비싸다 ＝ （価格が）高い
（ピッサダ）

➡ 비싸 ＋ ㄴ ➡ 비싼 （価格が）高い〜
（ピッサ）（ン）（ピッサン）

　　例：비싼 가방 高いカバン
　　　　（ピッサン ガバン）

길다 ＝ 長い
（ギルダ）

➡ 길 ＋ ㄴ ➡ 긴 長い〜
（ギル）（ン）（ギン）

　　例：긴 이야기 長い話
　　　　（ギン イヤギ）

　そのほかイレギュラーに活用する変則用言などもあわせて、よく使われ

る形容詞の現在連体形を見てみましょう。

ッケックタダ
깨끗하다 = 清潔だ
ッケックタ　　ン　　ッケックタン
➡ **깨끗하 + ㄴ** ➡ **깨끗한** 清潔な～
　　　　ッケックタン　ホテル
例：**깨끗한 호텔** 清潔なホテル

ヒムドゥルダ
힘들다 = 大変だ
ヒムドゥル　　ン　　ヒムドゥン
➡ **힘들 + ㄴ** ➡ **힘든** 大変な～
　　　　ヒムドゥンニル
例：**힘든 일** 大変な仕事

ジョムタ
젊다 = 若い
ジョム　ウン　ジョルムン
➡ **젊 + 은** ➡ **젊은** 若い～
　　　　ジョルムン　メムボ
例：**젊은 멤버** 若いメンバー

※젊のパッチム㏇は右側を読んで［점］（ジョム）と発音（次の다は濁らない）。ただし母音が接続すると、젊은＝［절믄］（チョルムン）のように左がパッチムとして残り、右が連音化する。

クダ
크다 = 大きい
ク　　ン　　クン
➡ **크 + ㄴ** ➡ **큰** 大きい～
　　キガ　クン　サラム　　　　　　キガ　クダ
例：**키가 큰 사람** 背が高い人（**키가 크다** 背が高い）

ギップダ
기쁘다 = うれしい
ギップ　ン　ギップン
➡ **기쁘 + ㄴ** ➡ **기쁜** うれしい～
　　　ギップン　ソシク
例：**기쁜 소식** うれしい知らせ

ジュルゴプタ
즐겁다 = 楽しい
ジュルゴプ　　ン　　ジュルゴウン
➡ **즐겁 + ㄴ** ➡ **즐거운** 楽しい～
　　　ジュルゴウン　ギオク
例：**즐거운 기억** 楽しい記憶

　ただし、있다（イッタ）と없다（オプタ）がついた形容詞（P78）は例外です。動詞と同じように、語幹にそのまま는（ヌン）をつけた形（活用①）が現在連体形になります。

<ruby>맛있다<rt>マシッタ</rt></ruby> = おいしい	例：<ruby>맛있는<rt>マシンヌン</rt></ruby> <ruby>요리<rt>ニョリ</rt></ruby>	おいしい料理
<ruby>맛없다<rt>マドプタ</rt></ruby> = まずい	例：<ruby>맛없는<rt>マドムヌン</rt></ruby> <ruby>요리<rt>ニョリ</rt></ruby>	まずい料理
<ruby>재미있다<rt>チェミイッタ</rt></ruby> = 面白い	例：<ruby>재미있는<rt>チェミインヌン</rt></ruby> <ruby>사람<rt>サラム</rt></ruby>	面白い人
<ruby>재미없다<rt>チェミオプタ</rt></ruby> = つまらない	例：<ruby>재미없는<rt>チェミオムヌン</rt></ruby> <ruby>사람<rt>サラム</rt></ruby>	つまらない人
<ruby>멋있다<rt>モシッタ</rt></ruby> = 格好いい	例：<ruby>멋있는<rt>モシンヌン</rt></ruby> <ruby>차<rt>チャ</rt></ruby>	格好いい車
<ruby>멋없다<rt>モドプタ</rt></ruby>= 格好悪い	例：<ruby>멋없는<rt>モドムヌン</rt></ruby> <ruby>차<rt>チャ</rt></ruby>	格好悪い車

※없のパッチムㅄは左側を読んで［업］（オプ）と発音。ただしㄴが接続すると右の人が鼻音化して［업는］（オプヌン）、さらに左のパッチムㅂも鼻音化して［엄는］（オムヌン）という発音になる。

 「よかった人」

　形容詞の過去連体形は、語幹にそのまま던（ドン 活用①）、または았 ／ 었던（アッ ／ オットン 活用③）をつけます。どちらも、日本語訳は「〜した○○」ですが、던に比べて았 ／ 었던のほうが、**その状態が終わって現在は続いていない**というニュアンスが強調されます。

活用① 던（形容詞の過去連体形）
活用③ 았 ／ 었던（形容詞の過去連体形）
<ruby>좋다<rt>ジョタ</rt></ruby> = いい
➡ <ruby>좋<rt>ジョッ</rt></ruby> + <ruby>던<rt>トン</rt></ruby> ➡ <ruby>좋던<rt>ジョトン</rt></ruby> よかった〜
➡ <ruby>좋<rt>ジョッ</rt></ruby> + <ruby>았<rt>アッ</rt></ruby> <ruby>던<rt>トン</rt></ruby> ➡ <ruby>좋았던<rt>ジョアットン</rt></ruby> よかった〜
　　例：<ruby>좋던<rt>ジョトン</rt></ruby> <ruby>사람<rt>サラム</rt></ruby> よかった人 ／ <ruby>좋았던<rt>ジョアットン</rt></ruby> <ruby>회사<rt>フェサ</rt></ruby> よかった会社
<ruby>조용하다<rt>ジョヨンハダ</rt></ruby> = 静かだ
➡ <ruby>조용하<rt>ジョヨンハ</rt></ruby> + <ruby>던<rt>トン</rt></ruby> ➡ <ruby>조용하던<rt>ジョヨンハドン</rt></ruby> 静かだった〜
➡ <ruby>조용하<rt>ジョヨンハ</rt></ruby> + <ruby>았<rt>アッ</rt></ruby> <ruby>던<rt>トン</rt></ruby> ➡ <ruby>조용했던<rt>ジョヨンヘットン</rt></ruby> 静かだった〜
　　例：<ruby>조용하던<rt>ジョヨンハドン</rt></ruby> <ruby>마을<rt>マウル</rt></ruby> 静かだった村 ／ <ruby>조용했던<rt>ジョヨンヘットン</rt></ruby> <ruby>밤<rt>バム</rt></ruby> 静かだった夜

また、있다と없다やそれをともなう形容詞も、過去連体形の場合には同じように活用します。

例：맛있던 요리 ／ 맛있었던 요리 おいしかった料理
マシットン ニョリ　　　マシッソットン ニョリ

例：재미있던 사람 ／ 재미있었던 사람 面白かった人
ジェミイットン サラム　　　チェミイッソットン サラム

例：우리가 있던 곳 私たちがいた場所
ウリガ イットン ゴッ

例：정말로 있었던 이야기 本当にあった話
ジョンマルロ イッソットン イヤギ

例：인터넷이 없던 시절 インターネットがなかった頃
イントネシ オプトン シジョル

例：없었던 일로 해요. なかったことにしましょう。
オプ ソットン ニルロ ヘヨ

※없に母音が接続すると없어＝［업서］（オプソ）のように左がパッチムとして残り、右が連音化する。

 形容詞の未来連体形

形容詞の未来連体形は、動詞の場合と同じです。語幹に（으 ウ）ㄹ（ル）をつけます（活用②）。やはり（으）ㄹ 것이에요（ル コシエヨ）や（으）ㄹ 거예요（ル コエヨ）をともなって、推測などの意味でよく用いられます。있다と없다やそれをともなう形容詞も同様です。

活用②（으）ㄹ（形容詞などの未来連体形）

좋다 ＝ いい
ジョダ

　例：일찍 가면 좋을 거예요. （早めに行くといいでしょう。）
イルッチクカミョン ジョウル コエヨ

비싸다 ＝（価格が）高い
ビッサダ

　例：저 가방은 비쌀 거예요. （あのカバンは多分高いですよ。）
チョ ガバンウン ビッサル コエヨ

맛있다 ＝ おいしい
マシッタ

　例：김치와 같이 먹으면 더 맛있을 거예요.
ギムチワ ガチ モグミョン ド マシッスル コエヨ

　（キムチと食べるともっとおいしいでしょう。）

「〜になる」という「変化」を表す文のつくり方

 되다を使った「〜になる」

「〜になる」という表現には、いくつかの形があります。

ここでは、そのうち2通りのつくり方を見てみましょう。

まず1つめは、「〜しなくてはいけません」の説明（P128）などで触れた「なる」という意味の動詞**되다**（ドェダ）を使った表現です。日本語では「力になる」のように助詞「に」を使いますが、**되다**は「が」にあたる助詞**가**（ガ）もしくは**이**（イ）を用います。

가／이 되다 〜になる

例：**이제 곧 12월이 됩니다.**（もうすぐ12月になります。）
（イジェ ゴッ シビウォリ ドェムニダ）

例：**응원이 큰 힘이 돼요.**（応援が大きな力になります。）
（ウンウォニ クン ヒミ ドェヨ）

例：**좀 걱정이 되네요.**（ちょっと心配になりますね。）
（ジョムゴクチョンイ ドェネヨ）

例：**올챙이가 개구리가 됐습니다.**
（オルチェンイガ ゲグリガ ドェッスムニダ）

（オタマジャクシがカエルになりました。）

例：**어떻게 가수가 됐어요?**（どうやって歌手になったんですか？）
（オットケ ガスガ ドェッソヨ）

例：**좋은 친구가 되고 싶어요.**（いい友だちになりたいです。）
（ジョウン チングガ ドェゴ シポヨ）

 아／어지다を使った「〜になる」

もう1つの「〜になる」は、形容詞などの語幹に**아／어지다**（ア／オジダ）という補助動詞をつけます（活用③）。ヘヨ体では、**아／어지다**に**어요**（オヨ）がついて**아／어져요**（ア／オジョヨ）になります。

아 / 어지다 ～になる

좋다 = いい

➡ 좋 + 아 지다 ➡ 좋아지다 よくなる

例：하늘을 보면 기분이 좋아져요.

　　（空を見ると気分がよくなります。）

비싸다 = （価格が）高い

➡ 비싸 + 아 지다 ➡ 비싸지다 高くなる

例：내년부터 더 비싸집니다.（来年からさらに高くなります。）

맛있다 = おいしい

➡ 맛있 + 어지다 ➡ 맛있어지다 おいしくなる

例：소스가 맛있어졌어요.（ソースがおいしくなりました。）

없다 = ない・いない

➡ 없 + 어지다 ➡ 없어지다 なくなる・いなくなる

例：입맛이 없어져요.（食欲がなくなります。）

아／어지다は動詞として活用するので、連体形はそれぞれ次のような形になります。

例：가을은 밤이 길어지는 계절이에요.

　　（秋は夜が長くなる季節です。）（길다 = 長い）

例：조용해진 거리를 걸어 봤어요.

　　（静かになった通りを歩いてみました。）（조용하다 = 静かだ）

例：기온이 더욱 높아질 거예요.

　　（気温がさらに高くなるでしょう。）（높다 = 高い）

「見た目で判断」をする表現のつくり方

「～するようです」「～しそうです」

　動詞・形容詞などの連体形に **것 같아요**（ゴッ ガタヨ）をつなげると、「～するようです」「～しそうです」「～みたいです」などの表現になります。

　것（ゴッ）はP153で見た通り、「こと・もの」を表す言葉です。会話でよく使われる形に **거**（ゴ）もあります。**같아요**は、「（～と）同じだ」という意味を表す形容詞**같다**（ガッタ）のヘヨ体です。**것**をともなって動詞・形容詞などの連体形に続くと、推測や不確実なことを表す表現になります。

　まず、動詞・形容詞などの語幹に（으 ウ）ㄹ（ル）がついた形、つまり未来連体形との組み合わせを見てみましょう。

活用② （으）ㄹ 것 같아요　～するようです・～しそうです

例：비가 올 것 같아요.（비가 오다 ＝ 雨が降る）
　　ビガ　オル　コッ　ガタヨ　　　ビガ　オダ

　　（雨が降りそうです。）

例：저 연예인은 성격이 좋을 것 같아요.
　　ジョ　ヨネイヌン　ソンキョギ　ジョウル　コッ　ガタヨ

　　（あの芸能人は性格がよさそうです。）

例：이것은 훨씬 비쌀 것 같아요.
　　イゴスン　フォルッシン　ビッサル　コッ　ガタヨ

　　（これはものすごく［価格が］高そうです。）

例：스페인어는 아주 어려울 것 같아요.（어렵다 ＝ 難しい）
　　スペイノヌン　アジュ　オリョウル　コッ　ガタヨ　　　オリョㇷ゚タ

　　（スペイン語はとても難しそうです。）

※어렵다（オリョㇷ゚タ）＝「難しい」はㅂ変則用言。活用②ではパッチムㅂが우（ウ）に変化する。

「雨が降りそう」と言っても、本当に降るかどうかはわかりません。これは話し手が景色や状況などの見た目から判断したことです。テレビで見た芸能人の「性格がよさそう」ということと同じです。

このように、誰かの主観に基づく推測や事実かどうか不確かなことを伝えるときに、**(으)ㄹ 것 같아요**という表現が用いられます。

 ## 있다や없다の場合

(으)ㄹ 것 같아요は、있다と없다やそれをともなう形容詞でも使えます。

> 例：**다음주에는 서울에 있을 거 같아요.**
> ダウムジュエヌン ソウレ イッスル コ ガタヨ
>
> （来週はソウルにいると思います。）
> 例：**큰 문제는 없을 것 같아요.**（大きな問題はないでしょう。）
> クン ムンジェヌン オプ スルコッ ガタヨ
> 例：**파스타에 넣으면 맛있을 거 같아요.**
> パスタエ ノウミョン マシッスル コ ガタヨ
>
> （パスタに入れるとおいしそうです。）
> 例：**그 영화는 재미없을 것 같아요.**
> グ ヨンファヌン ジェミオプ スル コッ ガタヨ
>
> （あの映画はつまらないと思います。）

같다を名詞などにつけて、「～みたいだ」「～のようだ」などの表現をつくることもできます。

> 例：**케이 팝 아이돌 같아요.**（K-POPアイドルみたいです。）
> ケイ パプ アイドル ガタヨ
> 例：**마치 전쟁 같았어요.**（まるで戦争のようでした。）
> マチ ジョンジェン ガタッソヨ
> 例：**진짜 엄마 같아.**（本当のお母さんみたい。）
> ジンッチャ オムマ ガタ
> 例：**벌써 한여름 같네요.**（もう真夏のようですね。）
> ボルッソ ハンニョルム ガンネヨ

「〜のようです」「〜みたいです」という文のつくり方

「〜したようです」「〜みたいです」

것 같아요（ゴッ ガタヨ）の表現を続けて見ていきましょう。

次は、（으 ウ）ㄴ（ン）に続いて（으）ㄴ 것 같아요、つまり、**動詞の過去連体形・形容詞の現在連体形との組み合わせ**です。

1つ前に見た未来連体形の（으 ウ）ㄹ（ル）がついた形である（으）ㄹ 것 같아요と同じく、自分の意見を述べる表現です。ただし、（으）ㄴ 것 같아요は、誰かから話を聞くなどして情報を得たうえでの判断になります。

活用② （으）ㄴ 것 같아요 〜したようです・〜みたいです

例：비가 온 것 같아요. （雨が降ったようです。）
　　ビガ　オン ゴッ　ガタヨ

例：선생님은 매일 바쁜 거 같아요. （바쁘다 = 忙しい）
　　ソンセンニムン　メイル　バップン ゴ　ガタヨ　　　バップダ

　　（先生は毎日忙しいようです。）

例：소매가 짧은 거 같아요. （짧다 = 短い）
　　ソメガ　ッチャルブンゴ　ガタヨ　　ッチャルタ

　　（袖が短いみたいです。）

※짧のパッチム래は左側を読んで［짤］（ッチャル）と発音（次の다は濁らない）。ただし母音が接続すると、짧은＝［짤븐］（ッチャルブン）のように左がパッチムとして残り、右が連音化する。

例：12시에 출발한 것 같아요. （출발하다 = 出発する）
　　ヨルトゥシエ チュルバラン ゴッ　ガタヨ　　チュル バラダ

　　（12時に出発したようです。）

例：에어컨이 고장 난 거 같아요. （고장 나다 = 壊れる）
　　エオコニ　ゴジャン ナン ゴ　ガタヨ　　ゴジャン ナダ

　　（エアコンが壊れたようです。）

前項で見た未来連体形をともなう（으 ウ）ㄹ（ル）것 같아요は、推測などを伝える表現です。それに対して、例えば地面が濡れていたので「雨が降ったようだ」、先生は最近仕事をたくさん抱えているので「忙しいようだ」というのは、個人の意見ではなく何らかの情報に基づいた表現だと考えることができます。

 ## 있다や없다の場合

있다と없다やそれをともなう形容詞の場合は、（으）ㄴ 것 같아요ではなく、語幹に는（ヌン）がついた는 것 같아요を使います。

> 例：민영 씨가 기다리고 있는 것 같아요. （기다리다 ＝ 待つ）
> ミニョン ッシガ　ギダリゴ　インヌン ゴッ ガタヨ　　　　　ギダリダ
>
> （ミニョンさんが待っているみたいです。）
>
> 例：친구를 만날 시간이 없는 것 같아요.
> チングルル　マンナル　シガニ　オムヌン ゴッ　ガタヨ
>
> （友だちに会う時間はないと思います。）
>
> 例：이 메뉴가 제일 맛있는 거 같아요.
> イ　メニュガ　ジェイル　マシンヌン　ゴ　ガタヨ
>
> （このメニューが一番おいしいと思います。）

같다は、また인 것 같다（イン ゴッ カッタ）の形で名詞などにつき、「～みたいだ」「～のようだ」などの意味で用いられます。

> 例：그 사람은 유학생인 거 같아요.（その人は留学生みたいです。）
> グ　サラムン　ユハクセンイン　ゴ　ガタヨ
>
> 例：최근에 생긴 학교인 것 같습니다.（最近できた学校のようです。）
> チェグネ　センギン　ハクキョイン ゴッ　ガッスムニダ
>
> 例：새로운 그룹인 거 같네.（新しいグループみたいです。）
> セロウン　グルビン　ゴ　ガンネ
>
> 例：손님들은 모두 관광객인 것 같았어요.
> ソンニムドゥルン　モドゥ　グァングァンゲギンゴッ　ガタッソヨ
>
> （お客さんはみんな観光客のようでした。）

他人を頼ってみる文のつくり方

 願望を表す表現

「もし〜だったらいいだろう」という願望の表現をつくってみましょう。

活用③ 았 ／ 었으면 하다 〜だったらと思う

오다 = 来る
（オダ）

➡ 오 ＋ 았 으면 ➡ 왔으면 来たら
　（オ）　（アッ スミョン）　（ワッスミョン）

　例：빨리 봄이 왔으면 합니다.（早く春が来たらと思います。）
　　（ッパルリ ボミ ワッスミョン ハムニダ）

있다 = ある・いる
（イッタ）

➡ 있 ＋ 었으면 ➡ 있었으면 あったら・いたら
　（イッ）　（オッスミョン）　（イッソッスミョン）

　例：그 가수를 만날 수 있었으면 해요.
　　（グ ガスルル マンナル ス イッソッスミョン ヘヨ）

　　（その歌手に会うことができたらと思います。）

活用③ 았 ／ 었으면 좋겠다 〜だったらいいのに

많다 = 多い
（マンタ）

➡ 많 ＋ 았 으면 ➡ 많았으면 多かったら
　（マン）　（アッ スミョン）　（マナッスミョン）

　例：종류가 더 많았으면 좋겠어요.
　　（チョンニュガ ド マナッスミョン ジョケッソヨ）

　　（種類がもっと多かったらいいと思います。）

크다 = 大きい
（クダ）

➡ 크 ＋ 었으면 ➡ 컸으면 大きかったら
　（ク）　（オッスミョン）　（コッスミョン）

　例：화면이 좀 컸으면 좋겠습니다.
　　（ファミョニ ジョム コッスミョン ジョケッスムニダ）

　　（画面がちょっと大きかったらいいと思います。）

※크다（クダ）＝「大きい」は으変則用言。活用③で語幹の母音ㅡがㅓに変化。

170

英語の仮定法と同じく、過去形（活用③）がベースになっています。

このような日常会話でおなじみの表現は、ドラマや映画、歌詞などにもよく登場します。

男性K-POPグループのStray Kidsが2019年に発表した曲「19」でも、以下のような一節が歌われていました。

ジグム イ スンガニ ジャムシ モムチュオッスミョン ジョケッソ
지금 이 순간이 잠시 멈췄으면 좋겠어
（いまこの瞬間が、少し止まってくれたらいい。）

「この瞬間が止まってほしい」と願っても、実際にその願いが叶うことはありません。

このように、「〜だったらと思う」「〜だったらいいのに」という意味の**았/었으면 하다/좋겠다**（アッ/オッスミョン ハダ/ジョケッタ）は、たんに「〜したい」という願望に比べ、特に実現の可能性が低い願望を表現する際に使われます。

「願う状況がまだ実現していない」ニュアンス

現在形、つまり、過去形の語尾がつかない（으ウ）면（ミョン）（活用②）でも、同じ内容の文をつくることはできます。

しかし、**았/었으면**（アッ/オッスミョン）のほうが、「願う状況がまだ実現していない」というニュアンスが強調されると考えていいでしょう。

좋겠다（ジョケッタ）の**겠**（ゲッ）は、**주시겠어요**（ジュシゲッソヨ）のところ（P125）で見た겠と同じです。**좋다**（ジョタ）＝「いい」の語幹に加えることで「いいと思う」「いいだろう」のような推測や婉曲などのニュアンスが追加され、未来への願望の気持ちが伝わります。ドラマなどでは、「うらやましい」の意味で日本語訳されることも少なくありません。

会話のバリエーションを増やす

「日本に来てから1年になります」

　次は「日本に来てから1年になります」のような、時間の経過を表す表現です。動詞の過去連体形に지（ジ）をつけて「～してから」という形にして「（～に）なりました」という意味の됐어요（ドェッソヨ）をつなげます。

　動詞の過去連体形は語幹に（으 ウ）ㄴ（ン）がついた形です。

　また、됐어요は、動詞되다（ドェダ／なる）のヘヨ体の過去形です。これで「（～に）なりました（なります）」という表現になるわけです。

活用② （으）ㄴ 지 + 됐어요 ～してから + になります

오다 = 来る
（オ）

➡ 오 + ㄴ 지 ➡ 온 지 来てから～
（オ） （ン ジ） （オン ジ）

　例：일본에 온 지 1년 됐어요. （日本に来てから1年になります。）
　　（イルボネ オン ジイルリョンドェッソヨ）

사귀다 = 付き合う
（サグィダ）

➡ 사귀 + ㄴ 지 ➡ 사귄 지 付き合ってから～
（サグィ） （ン ジ） （サグィン ジ）

　例：남친과 사귄 지 한 달 됐어요.
　　（ナムチングァ サグィン ジ ハンダル ドェッソヨ）

　　　（彼氏と付き合ってから1ヶ月になります。）

공부하다 = 勉強する
（ゴンブハダ）

➡ 공부하 + ㄴ 지 ➡ 공부한 지 勉強してから～
（ゴンブハ） （ン ジ） （ゴンブハン ジ）

　例：한국어를 공부한 지 반년 됐어요.
　　（ハングゴルル ゴンブハン ジ バンニョン ドェッソヨ）

　　　（韓国語を勉強してから半年になります。）

会話のバリエーションを増やす

　時間の経過を表す言葉として、「長らく」「久しく」という意味の오래（オレ）もよく使われます。

例：우리는 결혼한 지 오래 됐어요.
　　ウリヌン　ギョロナン　ジ　オレ　ドェッソヨ

　　（私たちは結婚して長いです。→直訳：長くなりました。）

例：이 차는 산지 오래 됐어요. （この車は買ってから長いです。）
　　イ　チャヌン　サンジ　オレ　ドェッソヨ

　また、こうしたやりとりに欠かせないのが、얼마（オルマ）という言葉。これは日本語の「いくら」「どれくらい」にあたります。
　さらに、否定文をつくる안（アン）を됐어요の前に置くと、次のような会話ができます。

例：
A: 후쿠오카에 온 지 얼마나 됐어요? （福岡に来てどれくらいですか？）
　　フクオカエ　オン　ジ　オルマナ　ドェッソヨ

B: 3년 됐어요. （3年になります。）
　　サムニョンドェッソヨ

例：
A: 사귄 지 오래 됐어요? （付き合ってから長いんですか？）
　　サグィン　ジ　オレ　ドェッソヨ

B: 아뇨, 얼마 안 됐어요. （いいえ、そんなに経っていません。）
　　アニョ　オルマ　アン　ドェッソヨ

　これと同じ表現を英語にしようとすると、難しい時制の問題に突きあたりますが、この場合、韓国語も日本語と同じ時制と捉えて問題ありません。英語は意識しないほうがいいでしょう。

「〜することに決めた」という「決心」の伝え方

 「〜することに決めました」

「〜することに決めました」という表現は、動詞の語幹にそのまま기로 했어요（ギロ ヘッソヨ）をつけるだけです。

기は「〜する前に」（P137）のところで見たように、語幹について「〜すること」のように動詞などを名詞化する語尾です（活用①）。로は、「〜に」にあたる助詞です。했어요＝「しました」は、「する」という意味の하다（ハダ）のヘヨ体の過去形になります。つまり、<u>기로 했어요は、日本語の「〜すること」「に」「しました」という形になっている</u>、ということです。

活用① 기로 했어요 〜することに決めました

공부하다 = 勉強する
（ゴンブハダ）

➡ 공부하 + 기로 했어요 ➡ 공부하기로 했어요
（ゴンブハ）（ギロ）（ヘッソヨ）（ゴンブハギロ）（ヘッソヨ）

（勉強することに決めました）

잊다 = 忘れる
（イッタ）

➡ 잊 + 기로 했어요 ➡ 잊기로 했어요 （忘れることに決めました）
（イッ）（ギロ）（ヘッソヨ）（イッキロ）（ヘッソヨ）

모으다 = 集める
（モウダ）

➡ 모으 + 기로 했어요 ➡ 모으기로 했어요
（モウ）（ギロ）（ヘッソヨ）（モウギロ）（ヘッソヨ）

（集めることに決めました）

例：돈을 모으기로 했어요. （돈을 모으다 = お金を貯める）
（ドヌル）（モウギロ）（ヘッソヨ）（ドヌル）（モウダ）

（お金を貯めることにしました。）

「～しようと思います」

기로 했어요は決心を表しますが、「～しようと思います」のように少し弱い意思を伝える言い方もあります。それが以下の（으 ウ）려고 해요（リョゴ ヘヨ）。（으）で始まることからわかる通り、これは活用②の表現です。

活用② （으）려고 해요 ～しようと思います

공부하다 ＝ 勉強する
➡ 공부하 ＋ 려고 해요 ➡ 공부하려고 해요 ➡

勉強しようと思います
잊다 ＝ 忘れる
➡ 잊 ＋ 으려고 해요 ➡ 잊으려고 해요 ➡ 忘れようと思います
쉬다 ＝ 休む
➡ 쉬 ＋ 려고 해요 ➡ 쉬려고 해요 ➡ 休もうと思います
　例：푹 쉬려고 해요.（ゆっくり休もうと思います。）

以下は、「～しようと思ったけどやめました」の表現。말았어요（マラッソヨ）は、말다（マルダ）＝「しない・やめる」のヘヨ体の過去形です。

活用② （으）려다가 말았어요 ～しようと思ったけどやめました

例：밤에 공부하려다가 말았어요.

（夜に勉強しようと思ったけどやめました。）

例：푹 쉬려다가 말았어요.

（ゆっくり休もうと思いましたがやめました。）

「〜だそうです」という 文のつくり方

 形容詞につける「〜だそうです」

最後に、他の人から聞いた話を伝える表現を紹介します。

形容詞と名詞につなげる形のつくり方を見てみましょう。

最初はまず、形容詞の場合です。これは、語幹にそのまま**다고 해요**（ダゴ ヘヨ）をつけます（活用①）。

「する」という意味の**하다**（ハダ）は、「言う」の意味を持っており、引用を表す語尾**다고**とともに「〜だと言っている」という表現をつくれます。

活用① 다고 해요 〜だそうです

チュプ タ
춥다 = 寒い

チュプ　　ダゴ　ヘヨ　　　チュプタゴ　ヘヨ
➡ **춥** ＋ **다고 해요** ➡ **춥다고 해요** ➡ 寒いそうです

マシッタ
맛있다 = おいしい

マシッ　　タゴ　ヘヨ　　　マシッタゴ　ヘヨ
➡ **맛있** ＋ **다고 해요** ➡ **맛있다고 해요** ➡ おいしいそうです

ジョタ
좋다 = いい

ジョッ　　ダゴ　ヘヨ　　　ジョッタゴ　ヘヨ
➡ **좋** ＋ **다고 해요** ➡ **좋다고 해요** ➡ いいそうです

ユサンギュニ　モメ　ジョッタゴ　ヘヨ
例：**유산균이 몸에 좋다고 해요.**（乳酸菌が体にいいそうです。）

 名詞につける「〜だそうです」

次は、名詞の場合です。これは（**이** イ）**라고 해요**（ラゴ ヘヨ）をつけてつくります。名詞につける尊敬語の（**이** イ）**세요**（セヨ）（P143）などと同じく、パッチムで終わる単語には**이라고 해요**（イラゴヘヨ）、母音で

終わる単語には라고 해요をつけます。

(이) 라고 해요 ～だそうです

例 : 직업은 모델이라고 해요. (職業はモデルだそうです。)
　　ジゴブン　　　モデリラゴ　　ヘヨ

例 : 생일이 내일이라고 해요. (誕生日は明日だそうです。)
　　センイリ　　　ネイリラゴ　　ヘヨ

例 : 그 소문이 진짜라고 해요. (あの噂は本当だそうです。)
　　グ　ソムニ　　ジンッチャラゴ　ヘヨ

例 : 보컬은 지성 씨라고 해요. (ボーカルはジソンさんだそうです。)
　　ボコルン　ジソン　ッシラゴ　　ヘヨ

短縮した形の대요 ／ (이)래요

다고 해요も (이) 라고 해요も、会話などでは短縮した形がよく用いられます。다고 해요を短くすると、대요 (テヨ) です。ㄷ以下のㅏ ㄱ ㅎの部分が省かれて、해요とくっつきます。同様に、(이) 라고 해요も、(이)래요 (レヨ) という形になります。

대요 ／ (이)래요 ～だそうです

例 : 오늘은 춥대요. (今日は寒いそうです。)
　　オヌルン　チュプ テヨ

例 : 거기 전통 요리가 맛있대요. (そこは伝統料理がおいしいそうです。)
　　ゴギ　ジョントン　ヨリガ　　マシッテヨ

例 : 요새 성적이 좋대요. (最近成績がいいそうです。)
　　ヨセ　ソンジョギ　ジョテヨ

例 : 직업은 모델이래요. (職業はモデルだそうです。)
　　ジゴブン　　　モデリレヨ

例 : 생일이 내일이래요. (誕生日は明日だそうです。)
　　センイリ　　　ネイリレヨ

例 : 그 소문이 진짜래요. (あの噂は本当だそうです。)
　　グ　ソムニ　　ジンッチャレヨ

例 : 보컬은 지성 씨래요. (ボーカルはジソンさんだそうです。)
　　ボコルン　ジソン　ッシレヨ

韓国人が好きな日本の映画やドラマ

　日本では『冬のソナタ』や『愛の不時着』などの韓国ドラマが人気です。逆に、韓国で人気の日本の映画やドラマをみなさんはご存じでしょうか。ここでは韓国でとても人気のある日本の映画やドラマをご紹介します。

 ## 1.『ラヴレター』（映画）

1990年末に公開された日本の映画です。当時マスコミに盛んに取り上げられ、韓国人でこの映画を知らない人はいないと言われるほどの人気でした。「잘 지내세요?」（ジャルジネッソヨ／お元気ですか？）というセリフが今でも韓国人に親しまれています。

 ## 2.『孤独のグルメ』（テレビドラマ）

　現在もシリーズが続いている日本のドラマです。松重豊さん演じる井之頭五郎が1人でお店に入り、黙々と食事するドラマです。韓国では、みんなでワイワイと食事するのが一般的なので、1人で食事することはあまり好まれませんでしたが、若者を中心に人気を博しています。

 ## 3.『半沢直樹』（テレビドラマ）

　私の一番のお気に入りのドラマでもあります。目上の人を一刀両断するストーリーが、韓国人の心にも響いたようです。「やられたらやり返す、倍返しだ！」というセリフは、韓国語で「당한만큼 두배로 갚아주겠어.」（ダンハンマンクム　ドゥベロ　ガパジュゲッソ）と言います。個人的に、日本語の勉強としても、このドラマがとても役立ちました。その他に、『ドラゴン桜』や『逃げるは恥だが役に立つ』などのドラマ、また『ONE PIECE』『SLAM DUNK』などの日本のアニメもとても人気があります。

図 4-1　第4章の文法まとめ①

動詞の現在連体形

취미는 영화를 보는 것이에요. （趣味は映画を見ることです。）

창문을 닫는 것을 잊지 마세요. （窓を閉めるのを忘れないでください。）

動詞の過去連体形

오키나와에 간 적이 있어요. （沖縄に行ったことがあります。）

하와이에 간 적이 없어요. （ハワイに行ったことがありません。）

한번 입어 보세요. （一度着てみてください。）

제주도에 간 적이 있어요? （済州島に行ったことがありますか?）

動詞の未来連体形

오늘 다시 만날 거예요. （今日また会う予定です。）

오늘 밤에 눈이 내릴 거예요. （今夜、雪が降るようです。）

形容詞の現在連体形

좋은 사람 （いい人）

비싼 가방 （高いカバン）

키가 큰 사람 （背が高い人）

形容詞の過去連体形

인터넷이 없던 시절 （インターネットがなかった頃）

形容詞の未来連体形

저 가방은 비쌀 거예요. （あのカバンは多分高いですよ。）

変化の表現

이제 곧 12월이 됩니다. （もうすぐ12月になります。）

하늘을 보면 기분이 좋아져요. （空を見ると気分がよくなります。）

図 4-2　第4章の文法まとめ②

視覚的な予想

비가 올 것 같아요. (雨が降りそうです。)

파스타에 넣으면 맛있을 거 같아요. (パスタに入れるとおいしそうです。)

케이팝 아이돌 같아요. (K-POPアイドルみたいです。)

客観的な予想

비가 온 것 같아요. (雨が降ったようです。)

에어컨이 고장 난 거 같아요. (エアコンが壊れたようです。)

민영 씨가 기다리고 있는 것 같아요. (ミニョンさんが待っているみたいです。)

그 사람은 유학생인 거 같아요. (その人は留学生みたいです。)

希望

빨리 봄이 왔으면 합니다. (早く春が来たらと思います。)

종류가 더 많았으면 좋겠어요. (種類がもっと多かったらいいと思います。)

時間の経過を示す表現

한국어를 공부한 지 반년 됐어요. (韓国語を勉強してから半年になります。)

우리는 결혼한 지 오래 됐어요. (私たちは結婚してからだいぶ経ちました。)

후쿠오카에 온 지 얼마나 됐어요? (福岡に来てどれくらいですか?)

決心

돈을 모으기로 했어요. (お金を貯めることにしました。)

푹 쉬려고 해요. (ゆっくり休もうと思います。)

밤에 공부하려다가 말았어요. (夜に勉強しようと思ったけどやめました。)

伝言

유산균이 몸에 좋다고 해요. (乳酸菌が体にいいそうです。)

직업은 모델이라고 해요. (職業はモデルだそうです。)

생일이 내일이래요. (誕生日は明日だそうです。)

著者プロフィール

ヒョン・カンヒ

通訳者兼韓国語講師。
韓国ソウル出身。大真大学国際学部日本学科卒業。
大学在学中に関西外国語大学に1年間の交換留学をし、日本語検定の最上位レベルのN1を満点で合格。大学卒業後、ソウルで韓国企業に5年間勤務する中で、日本企業との業務をおもに担当。2015年に来日。日韓長官会談・親交交流のイベント通訳や有名韓国人歌手の訪日時における日本メディアとのインタビュー通訳など、日韓同時通訳の仕事をする傍ら、韓国語の語学スクールで講師の仕事をしている。

一度読んだら絶対に忘れない
韓国語の教科書

2024年2月6日　初版第1刷発行
2024年9月30日　初版第4刷発行

著　者	ヒョン・カンヒ
発行者	出井貴完
発行所	SBクリエイティブ株式会社
	〒105-0001
	東京都港区虎ノ門2-2-1
装　丁	西垂水敦(krran)
本文デザイン	斎藤充(クロロス)
本文図版	鎌田俊介(Isshiki)
本文DTP	クニメディア株式会社
編集協力	株式会社ゴーシュ(五島洪)、高月靖
編集担当	鯨岡純一
特別協力	佐藤謙治
印刷・製本	中央精版印刷株式会社

 本書をお読みになったご意見・ご感想を
下記URL、またはQRコードよりお寄せください。
https://isbn2.sbcr.jp/22619/

一度読んだら絶対に忘れない
世界史の教科書

ムンディ先生こと
山﨑圭一

公立高校教師
YouTuber
が書いた

一度読んだら
絶対に忘れない

WORLD HISTORY
TEXTBOOK

世界史
の教科書

年号がまったく 登場しない	世界の歴史が 1つの物語でつながる	4つの地域を 「主役」に展開

「世界史ってこんなに面白かったんだ！」
「これを学校の教科書にしてほしい」
と話題沸騰の
"画期的"な歴史入門書

YouTube
授業動画累計
850万回
再生突破！

山﨑圭一(著)

本体 1500円＋税
ISBN
978-4-7973-9712-3

50万部突破のベストセラー！ 画期的な歴史入門書と話題沸騰！
年号を一切使わずに、4つの地域を主役に、
世界の歴史を1つの物語で読み解いた"新感覚"の世界史の教科書！

一度読んだら絶対に忘れない

日本史の教科書

ムンディ先生こと
山﨑圭一

公立高校教師
YouTuber
が書いた

一度読んだら
絶対に忘れない

JAPAN HISTORY
TEXTBOOK

日本史の教科書

| 年号がまったく登場しない | 古代から現代まで1つの物語でつながる | 政権担当者を「主役」に展開 |

「日本史がこんなに面白い物語だったとは！」
「歴史が苦手な私でも一気に読めた！」
と話題沸騰の

YouTube
授業動画
累計
1000万回
再生突破！

"画期的"な歴史入門書

山﨑圭一（著）
本体 1500円＋税
ISBN
978-4-8156-0145-4

37万部突破のベストセラー！ 年号を一切使わずに、
歴代の天皇、将軍、総理大臣などの政権担当者を主役に、
日本の歴史を1つの物語で読み解いた"新感覚"の日本史の教科書！

一度読んだら絶対に忘れない
英文法の教科書

牧野智一

一度読んだら
絶対に忘れない

ENGLISH GRAMMAR
TEXTBOOK

英文法
の教科書

丸暗記は
一切不要

中高6年間の英文法が
1つのストーリーでつながる

すべての英文法
を2パターン化

「英文法がこんなに楽しいなんて驚きです！」
「英語が苦手な私でも、話せるようになった！」
と話題沸騰の

シリーズ累計
100万部
突破！

"画期的"な英文法入門書

牧野智一（著）

本体 1600円＋税
ISBN
978-4-8156-0878-1

中高**6**年間の英文法を**1**つのストーリーで
解説した"新感覚"の英文法入門書！